# 디파이
# 사용설명서

암호화폐가 바꿀 새로운 부의 탄생

# 디파이
## 사용설명서

박미쁨 · 임성현 · 김태훈 지음

시크릿하우스

## 저자의 글

암호화폐 거래소 운영을 시작으로 격동적인 암호화폐 시장에서 십여 년간 근무했습니다. 특히 블록체인상에 구현되는 탈중앙화 금융인 디파이DeFi, Decentralized Finance 업계에서 본격적으로 활동하면서 사람들에게 끊임없이 받았던 질문이 한 가지 있었습니다. 바로 "추천해줄 만한 디파이 입문서는 없을까요?"입니다.

그러나 안타깝게도 한글로 출판된 마음에 드는 서적은 없었습니다. 출판된 서적들은 대부분 기본적인 블록체인과 암호화폐에 관한 이야기였고, 2020년 하반기부터 폭발적인 성장을 보인 NFT 관련 서적이었습니다. 물론 너무나도 빠른 디파이의 발전 속도 때문에 책으로 출간을 한다는 것이 어려웠을 것입니다. 그래서 독자분들께서 스스로 디파이의 개별 상품들을 살펴보고 이해하여, 올바른 선택을 할 수 있는 힘을 기를 수 있게 돕고자 이 책을 준비하게 되었습니다.

앞서 말한 것처럼 디파이는 하루가 다르게 성장하고 발달하고 있습니다. 모든 디파이의 내용을 하나하나 다 설명하기에는 너무 많은 내용을 다루어야 해서 가장 기본이 되는 핵심 내용만을 고민하여 집필하였습니다.

이 책은 미래의 금융이라 불리는 '탈중앙화 금융, 디파이'의 핵심적인 개념들을 최대한 알기 쉬운 말로 풀어 설명했습니다. 더 나아가 현재까지 나온 주요 프로젝트들을 이해할 수 있도록, 또 디파이의 무한한 잠재력을 깨달을 수 있도록 돕고자 합니다. 추가로 디파이 활용에 대한 위험 요소도 다루어 디파이 활용 시 참고할 수 있도록 하였습니다. 주요 개념들을 짧은 영상으로도 제작하여 원고에 맞게 QR코드를 넣어 기본 개념을 더 쉽게 이해할 수 있도록 준비하였습니다.

어떤 투자를 하든지 기회와 위험은 공존합니다. 전부는 아니겠지만 대부분의 투자에서 기회와 위험 사이에는 높은 상관성이 있습니다. 높은 수익에는 더 큰 위험이 따르고, 반대로 낮은 위험을 추구하면 수익도 덩달아 낮아지기 마련입니다.

시작한 지 얼마 안 된 디파이 시장을 미국의 서부 개척 시대에 빗대어 엄청난 기회와 위험이 도사린다는 뜻으로 'The Wild West(황야의 무법지대)'라고 표현하기도 합니다. 아직은 높은 수익률을 올리는 디파이 시장이지만, 동시에 높은 위험성을 지니는 측면도 있습니다. 물론 시간이 흐르면서 위험성과 수익률이 모두 안정화를 걸어가겠지만, 아직 초기인 디파이에서 독자분들이 불필요한 위험은 회피하고 좋은 기회를 잘 발굴해 낼 수 있는 인사이트를 얻게 되기를 바랍니다. 또한, 이런 기회를 잘 살려 부를 축적하기를 진심으로 기원합니다.

늘 든든한 버팀목이 되어주는 사랑하는 가족들에게 깊은 감사의 말씀을 전하고 싶습니다. 때로는 터무니없어 보이는 시도들에도 언제나 변함없이 지지해주어서 이 책을 완성할 수 있었습니다. 또, 이 책의 필요성을 믿고 출판을 결정하고, 많은 시간과 노력을 투자한 시크릿하우스의 전준석 대표님께도 깊은 감사의 뜻을 전합니다.

마지막으로 독자들에게 감사의 마음을 전합니다. 하나 당부할 것은 이 책은 제목대로 디파이 입문서입니다. 다양한 투자 방법과 안전한 투자를 위한 공부는 입문 후에도 계속해야 합니다. 다만 이 책의 내용이 디파이 투자에 관한 공부를 해나가는 데 있어 기본적인 지식의 발판이 되어 주길 바랍니다.

이 책을 통해 여러분을 디파이의 세계로 초대합니다. 함께 혁신과 미래를 탐구하며, 탈중앙화 금융의 가능성을 엿볼 수 있기를 바랍니다. 함께 디파이의 세계로 여행해 봅시다!

**디파이 사용설명서**
● 차례 ●

● 1장 ●
# 머니 레고의 시작, 스테이블코인

---

## ● 부록 ●
# 디파이 입문하기 전에 반드시 알아야 할 상식

---

# 암호화폐 시장에서의
# 부의 창출

암호화폐의 태동을 가져온 비트코인이 등장한 지도 어느덧 십수 년이 흘렀다. 24시간 365일 쉬지 않고 작동되는 네트워크와 거래 환경, 비트코인의 영향을 받은 수많은 알트코인의 등장으로 암호화폐 시장은 전례 없는 격동적인 성장을 맞이했다. 그래서 요즘은 비트코인을 비롯한 암호화폐를 모른다면 시사나 경제에 대해 무지한 사람 취급을 받을 정도이다.

암호화폐의 등장으로 인해 다른 이보다 빨리 비트코인을 매수해 엄청난 부를 거머쥔 사람도 생겨났다. 또한 비트코인의 소스 코드가 공개된 이점을 살려 유사품이라 할 수 있는 수많은 알트코인이 등장하며, 또 다른 부의 창출 기회가 주어지기도 했다. 그럼에도 불구하고 몇몇 유명 거래소를 통해서 주식처럼 사고, 파는 것 외에 암호화폐를 이용해서 할 수 있는 다양한 활동으로 경제적 이익까지 실현한 사람은 과연 얼마나 될까?

비교적 초창기에 암호화폐를 접하고 관련 산업에서 일해 온 필자의 경험으로는 암호화폐 시장에서의 부富는 단지 3가지 원천에서 기인한다고 생각한다.

첫째, '기대감'이다. 향후 암호화폐를 이용해서 어떤 목적을 이룰 것이라는 기대에 미리 구매하여 보유하는 것도, 다른 사람들이 또 구매할 것이라고 기대하기 때문에 앞서 사려고 하는 것도, 모두 이 기대감이 반영된 결과다. 이러한 기대 심리 때문에 향후 유망할 것으로 예상되는 암호화폐 프로젝트에는 늘 꾸준한 신규 자금이 유입되었다. 또한 이러한 자금의 유입은 암호화폐 가격의 상승을 이끌었다.

둘째, '서비스에 대한 사용료'이다. 우리가 암호화폐 거래소 등을 이용할 때 내는 수수료나 지갑에서 암호화폐를 전송할 때 지불하는 네트워크 사용료, 흔히 채굴로 표현되는 작업증명PoW 보상 등이 이에 해당한다. 우리는 일상생활에서도 이미 서비스 사용에 대한 대가를 지불하는 것에 매우 익숙해졌기 때문에, 암호화폐를 이용하는 데 있어서 일정 수준의 이용료를 지불하는 것은 대체로 당연하다고 생각한다.

셋째, '이자'이다. 암호화폐가 가치를 지니는 자산의 성격을 갖게 된 이후로 빌리고자 하는 사람과 빌려주고 이자를 받고자 하는 사람은 늘 있었다. 하지만 암호화폐를 빌리는 사람과는 달리 빌려주는 사람은 안전하게 빌려준 암호화폐와 이자를 약속대로 받을 수 있다는 보장이 필요하였기 때문에 이와 관련된 활동이 상대적으로 덜 활발하였으며, 발전도 더디게 이루어져 왔다.

아쉽게도 암호화폐를 접했던 수많은 사람이 첫 번째 단계에 머물렀다. 적극적으로 채굴하거나 암호화폐 기반의 사업을 하고자 노력했던 일부의 사람들만이 두 번째 단계에 진입할 수 있었다. 하지만 암호화폐 시장이 점차 성숙해 감에 따라 일반인에게도 모든 영역에 참여할 수 있는 계기가 생겼다. 탈중앙 금융이라 불리는 '디파이DeFi, Decentralized Finance'가 그것이다.

비트코인 이후 나타난 이더리움은 프로그래밍 가능한 스마트 컨트랙트를 도입함으로써 단순한 코인 전송 이상의 활동이 블록체인상에서 이루어질 수 있도록 새로운 지평을 열었다. 대표적인 활용 사례가 초기 프로젝트들이 모금했던 ICO Initial Coin Offering(가상통화 초기 판매), 디지털 자산의 소유권 및 유동화를 가능케 한 NFT Non Fungible Token(대체 불가능 토큰), 그리고 탈중앙 금융인 디파이다. 그 중에 책에서는 암호화폐 부의 모든 원천에 맞닿아 있는 디파이를 본격적으로 다룰 것이다.

디파이를 탄탄하게 이해하고자 한다면, 블록체인의 기본 개념과 스마트 컨트랙트에 대한 전반적인 지식이 필수적이다. 이 책에서는 이더리움의 스마트 컨트랙트 환경상에서 작동되는 가장 기초적인 디파이 머니 레고라 할 수 있는 스테이블코인에 대한 설명부터 시작할 것이다. 또한 이자가 활발하게 작동하기 시작한 대출 서비스, 서비스에 대한 사용료가 꽃을 피운 탈중앙 블록체인 거래소인 DEX, 그리고 이들을 활용한 추가적인 금융 서비스에 이르기까지 디파이의 기초부터 전반적인 주요 서비스들에 대해 집중적으로 살펴볼 것이다.

이로써 디파이가 신기루가 아닌 탄탄한 금융 서비스라는 사실을 이해하고, 정상적인 서비스와 비정상적인 서비스를 구분하여 여러 사기 가능성으로부터 나 자신을 보호하는 힘을 기를 수 있도록 돕고자 한다. 만약 블록체인과 스마트 컨트랙트가 다소 생소하거나 한 번도 암호화폐 지갑을 이용해 보지 않은 독자라면, 부록에 기초 지식을 정리해 두었으니 해당 부분을 먼저 읽고 본문을 읽는다면 많은 도움이 될 것이다.

# 블록체인상의 금융,
# 디파이

2020년 3월, 코로나19 바이러스에 전 세계 금융시장이 충격에 빠졌다. 많은 나라에서 사회적 거리두기 등과 같은 조치들로 인해 경제가 얼어붙었고, 주식 시장의 시가총액도 절반 가까이 빠지기도 했다. 비트코인 시장 역시 예외가 아니어서 2018년 저점 이후 완연한 회복세를 보이던 시장에 찬물이 부어지며, 10,000달러를 상회하던 가격이 단숨에 3,000달러대로 곤두박질치고 말았다.

세계 각국 정부는 침체된 경제를 살리기 위해 부양책들을 쏟아내기에 바빴다. 코로나19로 인한 사회적 손실은 비록 큰 아픔이었지만, 디파이에는 이러한 부양책들이 크나큰 자양분이 되었다. 시장에 뿌려진 엄청난 유동성은 결국 자산시장으로 흘러 들어왔고,

더 많은 수익을 올리기 위한 경주가 시작되었다. 암호화폐 시장 역시 많은 자금이 흘러 들어와 가파른 회복세를 보였다. 비트코인 가격은 겨우 두 달 만에 이전 가격인 10,000달러대로 회복되었고, 이후 1년 반 정도의 랠리를 거치며 69,000달러까지 상승하는 기염을 토했다.

이러한 토양에서 디파이가 화려하게 꽃을 피우기 시작했다. 넘쳐나는 유동성, 모두 높은 수익률을 추구하고 있을 때, 눈을 의심케 하는 높은 수익률을 내세우는 디파이 프로젝트들이 쏟아져 나왔기 때문이다. 바야흐로 우후죽순이라고 할 수 있는 상황이었다. 수년간 조금씩 성장을 이어왔던 프로젝트들에 하루에 수백억 원, 수천억 원의 신규 자금이 수혈되는 일이 이어졌다. 이렇게 폭발적인 성장세를 이어 나갔던 2020년의 여름 시기와 디파이의 열기를 가리켜 '디파이 썸머DeFi Summer'라고 부른다.

시장의 큰 관심을 받지 못했던 디파이의 주춧돌 격인 대출 서비스와 거래 서비스가 각광을 받게 되었고, 이들 중에서 대표적인 서비스를 모방하여 유사 제품들이 대거 쏟아져 나오며 춘추 전국 시대를 열었다. 거기에 여러 서비스를 상호적으로 활용하는 어플리케이션들이 경쟁적으로 등장하게 된다. 디파이 시장 시총TVL, Total Value Locked은 2021년 11월 1,780억 달러(약 231조 원/한화 1,300원 기준)가 될 정도로 가파르게 성장했다. 이 시기에 재빨리 디파이를 접하고 진입하여 활동한 사람 중에 큰 부를 이룬 경우가 적지 않다. 이후에 4년 주기로 등락을 반복하는 암호화폐 시장의 사이클에 따라 디파이 시장도 침체기를 겪었다. 하지만 디파이 서비스들은 지속적인 혁신과 발전을 이룩하고 있으며, 새롭게 다가올 미래를 준비하고 있다. 4년 주기로 20~100배씩 성장을 거듭해 온 암호화폐 시장인 것을 감안해 볼 때, 디파이가 전통 금융에서도 유의미한 섹터가 되는 것은 충분히 기대해 볼 만한 일이다.

탈중앙 금융인 디파이DeFi, Decentralized Finance를 정의내리는 것은 바라보는 시각에 따라 상당히 달라질 수 있다. 가장 광의의 디파이를 따져 본다면, 비트코인 자체가 이미 디파이라고도 볼 수 있다. 2008년 10월 31일 공개된 비트코인 창시자 사토시 나카모토의 백서 제목이 〈Bitcoin: a peer-to-peer electronic cash system〉인 것에서, 비트코인이 은행과 같이 신뢰해야 하는 제3자의 개입 없이(탈중앙) 상대방과 직접 거래가 가능한 체계를 지향한다는 것을 알 수 있다. 하지만 우리가 흔히 디파이라 부르는 탈중앙 금융은 이더리움과 같은 스마트 컨트랙트 사용이 가능한 블록체인상에서 작동되는 스마트 컨트랙트 기반의 금융 활동들을 지칭한다.

스마트 컨트랙트로 구현된 dApp(블록체인상에서 작동되는 decen-tralized App)은 상호작용이 가능하여 현실에서 세분화된 금융서비스들이 상호작용을 통해 탄탄한 금융체계를 이루어 가는 것처럼,

블록체인상에도 현실 세계와 같은 높은 수준의 금융을 구현할 수 있게 했다. 이러한 속성 때문에 디파이 dApp들을 가리켜 디파이 '머니 레고Money Lego'라고 한다. 이는 각각의 dApp이 하나의 레고 조각과 같은 역할을 하여, 여러 가지의 dApp이 활용되는 하나의 큰 서비스가 가능하게 되었기 때문이다.

먼저, 달러와 동일한 가치를 유지하도록 설계된 스테이블코인이 발달하며 변동성이 많아 외면받았던 암호화폐 시장에 더 적극적인 투자가 이루어질 수 있는 기초가 되었다. 이러한 기초는 명목화폐 기준으로 수익률이 어느 정도인지 측정하기가 편리해졌을 뿐만 아니라, 암호화폐 변동성이 아닌 달러 기반의 금융 수요를 흡수할 수 있는 길을 열어준 것이다. 그래서 암호화폐에 투자할 의향이 없는 고액 자산가, 사모펀드, 헤지펀드들이 스테이블코인을 들고 디파이 시장의 문을 두드리게 되었다. 여기에 대출 서비스가 등장함으로써 달러 예치자들이 이자수익을 올릴 수도 있고, 더 높은 수익을 추구하는 사람들에게 대출을 통한 레버리지를 일으킬 수 있는 수단이 제공되었다. 또, 언제든 자유롭게 자산을 교환할 수 있는 탈중앙 거래소가 등장하며, 암호화폐들이 서로 손쉽게 필요에 따라 교환이 이루어질 수 있는 장이 섰다. 바야흐로 블록체인 위에 금융 시장이 열린 것이다.

디파이는 블록체인, 스마트 컨트랙트 기반으로 전통 금융이 아닌 소프트웨어 개발자들에 의해 주로 개발되고 발전해 왔다. 또한 시간이 점차 흘러 조금씩 성숙하고 고도화되며 전통 금융과 많은 부분에서 닮아가고 있다. 그럼에도 불구하고 가장 근간이 되는 기술과 철학적 배경의 차이에 의해 기존 금융과는 다를 수밖에 없는 부분이 존재한다. 따라서 기존의 금융을 잘 이해하고 있거나, 금융업에 종사하고 있는 사람들 역시 이러한 차이점들을 잘 이해해야 탈중앙 금융을 제대로 활용할 수 있다. 다가오는 암호화폐 시장의 회복기에 즈음하여 디파이에 대해 배움으로써 앞으로 주어지는 기회를 지혜롭게 잘 활용할 수 있기를 기대해 본다.

---

**[Crypttempo 유튜브] 디파이**

디파이|DeFi 는 스마트 컨트랙트를 활용하여 블록체인 네트워크상에 구축한 암호화폐를 사용하는 금융입니다. 디파이가 무엇인지, 어떤 특징을 가지는지 설명합니다.

블록체인 기술은 보편적인 사업분야에
드라마틱한 변화를 가져올 것이다.

---

**조셉 루빈** Joseph Lubin

1장

머니 레고의 시작
스테이블코인

# 최초의 스테이블코인
# USDT

암호화폐는 중앙화된 금융기관에 모든 권한이 집중되는 기존 금융 시장의 문제점을 개선하고 개인이 주도하는 거래 및 금융을 위해 탄생하였다. 그러나 암호화폐는 명확한 가치의 척도가 없었기 때문에 가격이 시장 논리에 의해 정해지고, 이로 인해 큰 가격 변동성을 갖게 되었다. 화폐가 가격 안정성이 없으면 거래하는 과정에서 당사자들이 큰 혼란을 겪는다.

예를 들어 1비트코인이 100만 원일 때 노트북 하나를 1비트코인에 샀다고 생각해보자. 노트북을 사서 집에 오는 길에 1비트코인이 200만 원으로 급등한다면, 구매자는 노트북을 2배의 가격으로 산 것이고, 판매자는 두 배의 이익을 얻게 된다. 반대의 경우라면 구매자는 횡재한 것이고 판매자는 물건을 팔았지만, 손해를 보는 경우가 발생하게 된다.

이와 같이 가격이 급변하는 상황이 반복되면 판매자와 구매자는 각자에게 이익이 되는 서로 다른 시점에 거래하기를 원하게 되어 거래가 일어나기 매우 어렵게 된다. 이처럼 거래에 있어서 화폐의 가치 고정은 매우 중요하다. 따라서 급격한 가격 변동성을 지닌 암호화폐가 실제 생활에서 거래를 위한 화폐로 사용되기 어렵다고 판단되어 가격 안정성이 확보된 암호화폐에 대한 필요성이 대두되었다.

이런 문제를 해결하기 위해 시점에 상관없이 가격이 고정되어 있는 암호화폐가 등장하게 되었는데 이것을 '스테이블코인Stable Coin'이라고 한다. 암호화폐의 가격을 고정하기 위해 여러 가지 방법이 있지만, 가장 확실하고 단순한 방법은 바로 현물 화폐와 1:1로 교환하는 것이다. 현물 화폐 1달러를 입금할 때 1달러의 가치를 가지는 암호화폐를 발행하고, 이 암호화폐를 다시 반환할때 현물 화폐 1달러를 돌려받으면 시점에 상관없이 1달러의 가치를 가지게 된다. 이런 아이디어를 가지고 출시된 최초의 스테이블코인이 바로 'USDT(테더)'이다.

USDT를 발행하려는 사용자가 발행사인 테더 리미티드의 은행 계좌에 발행을 원하는 만큼 달러를 입금한다. 테더 리미티드는 금

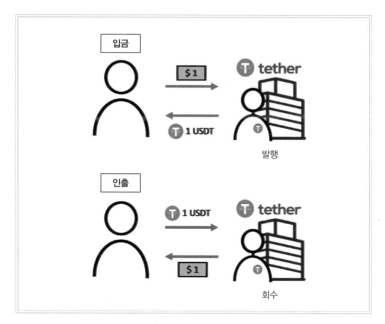

[그림 1-1] USDT 발행 프로세스

액을 확인하고 사용자의 계정을 생성하여 해당 수량의 USDT를 발급한다. 입금된 달러는 테더 리미티드에서 보관하고 있다가 사용자가 다시 인출을 원할 때, 발행한 USDT를 회수하고 해당 금액만큼의 달러를 돌려준다.

물론 1달러와 등가 교환하여 발행하는 USDT도 암호화폐이기 때문에 어느 정도의 변동성은 존재한다. 하지만 수요와 공급 논리에 의해 USDT 가격이 1달러 아래로 하락하면 사람들은 USDT를 구매하고 달러로 교환하여 시세 차익을 얻고, 시장에 유통되는

USDT의 수량은 줄어들며 다시 1달러로 가격을 회복하게 된다.

반대로 USDT 가격이 1달러보다 높아지면 사람들은 달러를 입금하고 USDT를 발행하여 시세 차익을 얻고, 시장에 유통되는 USDT의 수량이 늘어 다시 1달러로 가격이 수렴하게 된다. 이런 방식으로 가격을 고정할 수 있는 것은 법정화폐인 달러화가 USDT 발행의 담보로 설정되어 1 USDT를 테더 리미티드에 제시하면 1달러를 지급하기 때문이다. 이렇게 법정화폐를 담보물로 설정하여 가격을 유지하는 코인을 '법정화폐 담보형 스테이블코인'으로 분류한다.

USDT의 등장으로 가격이 고정되어있는 스테이블코인이 세상에 나오게 되었고, 실제로 암호화폐가 거래에 사용될 가능성이 열리게 되었다. 그러나 법정화폐 담보형 스테이블코인에는 한가지 모순이 있다. 암호화폐는 신뢰하는 제3자가 중심이 되는 기존 금융의 문제점을 해소하고 개인이 주도하는 거래를 위해 탄생하였다. 그런데 가격을 고정하는 스테이블코인을 만들기 위해 테더 리미티드라는 중앙화된 발급사, 즉 제3자를 신뢰해야만 거래를 진행할 수 있게 된다는 것이다.

이 말은 법정화폐 담보형 스테이블코인인 USDT가 기존 금융기관이 가지는 약점을 그대로 계승한다는 소리도 된다. 테더 리미티드에서 발행한 USDT가 안정적으로 1달러의 가치를 가지기 위해서는 발행을 위해 입금된 달러화 모두를 현금으로 보관해야 한다. 또한 입금되어 보관된 달러 총량과 발행된 USDT의 총량이 1:1로 매칭된다는 것도 증명하고 투명하게 공개해야 한다. 보관되어있는 달러가 어떤 이유로든 발행된 USDT 보다 낮아지게 되면 부족한 만큼 지급 보증이 불가능해지게 되고, 테더 리미티드에 대한 신뢰는 깨져서 더 이상 화폐 가격이 안정적으로 고정된 상태를 유지하기 어렵게 된다.

그러나 테더 리미티드는 USDT가 폭발적으로 발행된 2017년 12월 이후에는 더 이상 회계 감사 보고서조차 공개하지 않았다. 따라서 테더 리미티드의 보유 준비 자산 내역은 알 방법이 없어졌다. 2021년 3월 31일 테더 리미티드는 예치금 통합 구성 내역 보고서를 설립 후 최초로 공개하였는데, USDT 지급 준비금의 약 76%를 현금 및 현금으로 쉽게 바꿀 수 있는 자산으로 구성하고, 그 이외는 담보 대출, 채권, 비트코인을 포함한 기타 투자의 형태로 보유하고 있다고 밝혔다. 높은 비율로 지급 준비금을 보유하고 있지만 지급금을 100% 현금으로 준비해 놓지 않는 이상 기존 금융기관이 가지는 파산이나 지급 불가능 같은 위험은 여전히 존재할 것이다.

암호화폐의 중앙화에 대한 우려에도 불구하고 쉬운 접근성과 사용성으로 인한 USDT의 성공으로 스테이블코인의 규모와 사용량은 증가하게 되었다. 하지만 스테이블코인의 규모가 증가함에 따라 위험도 커져 리스크를 줄이려는 움직임이 생겼고, 이런 생각에서 USDC가 등장하였다. USDC는 USDT와 동일하게 미국 달러를 입금받아 USDC를 발행하는 법정화폐 담보형 스테이블코인이다. USDC는 골드만삭스의 투자를 받은 기업인 서클과 미국 대표 암호화폐 거래소인 코인베이스의 협업을 통해 개발되었다.

스테이블코인인 USDC는 테더 리미티드의 결여된 투명성과 감사 체계, 그리고 폐쇄적인 발행 및 운영 방법을 개선하여 발행사 위험의 최소화를 위해 노력하였다. USDC는 감사원 및 은행 파트너들과 함께 미국 송금법 규제에 맞춰 구체적인 운영 투명화 방안을 구축하였고, 일정 자격을 갖춘 금융기관이 USDC 발행에 참여할 수 있게 하여 중앙화 이슈를 어느 정도 해결하고자 하였다.

# 탈중앙화를 시도한 DAI

사실 스테이블코인의 가치를 가장 안정적으로 유지할 수 있는 확실한 방법은 법정화폐를 담보로 하는 방식이다. 이 경우 가치를 유지하는 원리나 프로세스에는 아무런 문제가 없다. 다만 법정화폐를 보관하고 스테이블코인을 발급해 주는 신뢰할 수 있는 제3자 즉, 중앙화된 발행사가 필요하기에 발행사의 신뢰도에 의존하게 된다. 또한 중앙화된 기존 금융을 개혁하여 탈중앙화하려는 블록체인 철학과도 잘 맞지 않는 방식이기도 하다.

메이커다오Maker Dao 팀은 스테이블코인 발행 방식을 블록체인의 철학에 맞춰 탈중앙화를 시도하였고, 암호화폐를 담보로 발행하는 스테이블코인인 'DAI(다이)'를 출시하게 되었다. 급하게 변하는 암호화폐의 가치를 담보로 가격이 정해져 있는 화폐 시스템을 유지하는 것은 상식적으로 불가능하게 보인다. 만약 1ETH(이더리움)이 100달러의 가치를 가질 때 이것을 담보로 스테이블코인 100개를 발행했다면 이 스테이블코인의 가격은 1달러가 된다. 스테이블코인 발행 후 1ETH이 50달러가 되었다면 발행한 스테이블코인 가격은 담보와 연계되어 0.5달러가 되어 가격을 유지할 수 없게 된다.

이런 가치 변동의 문제를 해결하기 위해 메이커다오팀은 과담보 대출의 형식을 빌려 스테이블코인을 발행하는 시스템을 개발했다. 과담보 대출은 주택담보대출과 같이 담보물의 가치가 대출하는 금액보다 더 높은 대출을 말한다. 이렇게 되면 담보물의 가치가 떨어지더라도 대출해주는 기관은 담보물을 매각하여 손해를 면하고 시스템을 유지할 수 있다. 메이커다오는 담보 비율을 150%로 설정하고 1DAI의 목표 가격은 1달러로, 사용자가 한도 내에서 자유롭게 DAI를 발행할 수 있도록 하였다. 즉, 150달러에 해당하는 ETH을 시스템에 예치하면 최대 100개의 DAI를 발행할 수 있다.

시장에서 가격을 유지하는 방법은 법정화폐 담보형 스테이블코인과 동일하다. 한 가지 다른 점은 암호화폐의 가치가 하락할 때 고정 가격 시스템을 유지하는 방법이다. 메이커다오는 담보 비율이 150% 아래로 떨어지면 예치된 담보물을 매각하여 발행한 DAI

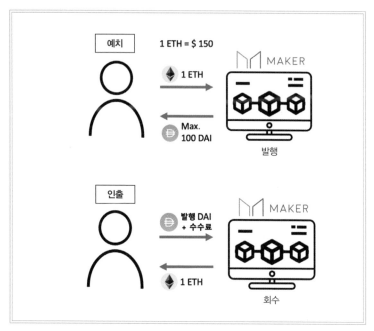

[그림 1-2] DAI 발행 프로세스

를 회수한다. 이렇게 되면 메이커다오에는 손해가 없고 발행된 DAI는 회수할 수 있게 되어 시스템은 문제없이 가격을 유지할 수 있게 된다. 만약 DAI를 발행했던 사용자가 담보로 맡긴 암호화폐를 찾으려면 발행한 수량의 DAI와 대출 이자의 개념인 이용수수료를 상환하면 된다.

 메이커다오는 담보가 되는 암호화폐를 예치하는 사람들이 DAI를 발행할 수 있도록 하여 스테이블코인 발행을 탈중앙화한 것이다. 또한 메이커다오는 DAI 발행의 모든 과정이 스마트 컨트랙트에 의해 진행되도록 함으로써 법정화폐 담보형 스테이블코인과 같이 발행사의 신뢰로 인해 발생하는 문제를 극복할 수 있었다.

물론 블록체인 특성상 담보로 맡긴 암호화폐가 지나치게 빠른 속도로 하락하게 된다면, 담보물의 가치가 발행된 스테이블코인의 가치보다 낮아짐에 따라 시스템 유지가 어려워질 수 있다. 암호화폐가 폭락하는 시기에는 담보로 맡긴 암호화폐를 찾기 위해 빚을 청산하려는 사람과 추가로 암호화폐를 입금하여 청산을 피하려는 사람이 급증하게 되어 트랜잭션이 몰리게 된다. 이렇게 되면 네트워크는 혼잡해지고 가스비도 높아져서 트랜잭션 처리가 지연되거나 대부분 실패하게 되어 청산의 속도보다 가치 하락의 속도가 더 빠를 수 있다. 이때 담보의 전체 가치보다 발행된 DAI의 양이 많아지면 시스템 유지가 어려워질 수도 있다.

이런 우려가 있지만 메이커다오팀은 DAI 가격 시스템이 안정될 수 있도록 보완, 개선을 진행해 옴으로써 현재까지도 DAI 1달러의 가격을 유지하며, 가장 많이 사용되는 암호화폐 담보형 스테이블코인으로 자리매김하고 있다.

# 또 다른 시도
# 알고리즘 스테이블코인

법정화폐 담보형이나 암호화폐 담보형은 특정 가치를 가지는 담보물을 100% 이상 맡겨야 스테이블코인을 발행할 수 있는 시스템으로 시장의 수요에 따라 규모를 빠르게 확장하기 어렵다. 특히 암호화폐 담보형 스테이블코인은 발행하는 가치보다 많은 담보를 설정해야 하기에 구조적으로 자본 효율성이 떨어지는 시스템이다. 이런 한계를 극복하기 위해 특정 가치를 가진 담보물 없이 온전히 시장 수요 변화에 대응해 시장 유통량을 조절하여 가격을 유지하려는 '알고리즘 스테이블코인'이 등장하였다. 알고리즘 스테이블코인은 담보가 없기에 '무담보형 스테이블코인'이라고도 불린다.

알고리즘 스테이블코인은 가격을 유지하기 위해 다양한 방식을 적용한다. 발행량 전체를 시장 수요에 맞게 조정하는 방식을 선택하기도 하고, 담보 대신 또 다른 코인을 발행하여 가격을 유지하기 위한 인센티브를 주는 용도로 사용하기도 한다. 더 복잡하게는 일부의 담보를 설정하여 가격 안정성에 대한 신뢰를 높이고 어느 정도의 자본 효율성을 확보하는 방식도 있다.

그러나 아직까지 수요, 공급을 통한 가격 결정 알고리즘에 의해서 가격을 고정하려 했던 알고리즘 스테이블코인들은 전부 실패하였다. 어떤 형태로든 담보물을 보유하는 스테이블코인은 가격이 고정되고 절차에 맞게 코인을 반납하면 담보물을 찾을 수 있다는 신뢰가 생긴다. 그러나 알고리즘 스테이블코인은 담보물이 없다. 따라서 사용자들이 발행된 알고리즘 스테이블코인의 가격이 알고리즘에 의해 고정되어 유지될 것이라고 믿고 사용해야 가격이 고정될 수 있다.

시장 상황이 좋고 수요가 늘어나서 발행된 스테이블코인의 가격이 상승할 경우 수요량에 따라서 시스템이 스테이블코인을 제한 없이 발행할 수 있다. 따라서 쉽게 가격을 조정하여 안정적으로 고정된 가격을 유지할 수 있게 된다. 그러나 가격이 하락할 경우 발행된 코인을 회수하여 유통량을 조절해야 한다. 그런데 적절한 방법을 찾지 못해 코인 회수가 불가능해지면 목표 가격으로 회복되지 않고 아예 시스템이 망가져 버릴 위험이 있다.

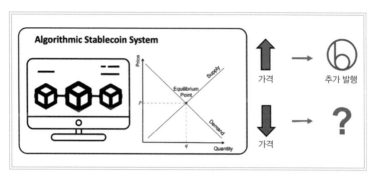

[그림 1-3] 알고리즘 스테이블코인 시스템

특히 담보 없이 신뢰로 가격을 유지해야 하는 상황에, 스테이블코인의 가격이 낮아질 수도 있다는 불안감이 생기면 사용자들은 보유한 코인을 시장에 매도하게 된다. 이 경우, 1달러를 목표로 한 무담보형 스테이블코인 가치가 0달러로 수렴할 수 있다. 이런 한계로 무담보형 스테이블코인이 아직까지 성공적으로 운영되지 못하며, 담보 없이 스테이블코인을 발행할 수 있다는 시도에 그쳤다.

다양한 시도 중 전체 발행량을 수요에 따라 조절하는 대표적인 스테이블코인인 AMPL(앰플포스)의 경우는 가치가 0달러에 수렴하지 않고 기대 수요에 따라 가격이 변동한다. AMPL은 24시간에 한 번씩 공급량을 조절한다. 목표 가격은 1달러지만 시스템에 의해 공급량을 자동으로 조절하기 때문에 총발행량에 대한 개인의 지분으로 재분배되고 이로 인해 가격 변동이 생기게 된다. 이로 인해 매도, 매수에 대한 수요는 지속적으로 발생하지만 가격 또한 계속 변하게 되어 처음 콘셉트로 잡았던 스테이블코인으로는 사용할 수 없기에 또 다른 의미로는 실패했다고 볼 수 있다.

알고리즘 스테이블코인의 또 다른 시도로 테라-루나 시스템과 같이 가격이 고정된 스테이블코인 가치를 유지하기 위해 가격이 유동적인 코인을 사용하는 방법도 고안되었다. 이 시스템도 논리적으로만 따지면 두 개의 다른 코인이 서로를 보완하며 스테이블코인인 UST(테라)의 가격을 유지할 수 있다. 그러나 상대 코인인 LUNA(루나)는 시스템이 잘 유지될 것이라는 사람들의 신뢰에 기반한 것이었다. 따라서 그 신뢰가 무너진 순간, 테라와 루나가 동반 하락하는 죽음의 소용돌이Death Spiral를 피하지 못하고 가치가 하락하였다. 결국 테라-루나 시스템은 실패로 기록되었고, 실제 담보 연동 없이 논리적 구조로만 구성된 스테이블코인은 신뢰나 외부 시장 환경에 따라 언제든지 무너질 수 있다는 약점을 보여주었다.

---

[Crypttempo 유튜브] **스테이블코인**
안정적인 가격을 유지하는 암호화폐에 대한 필요성이 높아지며 탄생한 스테이블코인의 종류와 특징에 관해 설명합니다.

[Crypttempo 유튜브] **스테이블코인의 위험**
스테이블코인의 발행 유형에 따라 어떤 위험이 있는지, 또 여러 블록체인 네트워크를 지원하는 스테이블코인을 사용할 때 유의해야 할 점은 무엇인지 설명합니다.

---

# 디파이의
## 초석이 되다

비트코인이 출시되고 초창기에 등장한 거래소들은 법의 테두리 하에 설립된 금융기관이 아니었다. 그래서 사용자들이 본인의 계정에 현금을 입금하고 거래를 진행하는 방법이 불가능했다. 일반적으로 사용자는 거래소 계좌로 현금을 입금하고 거래소에서는 사용자의 계정에 현금과 등가의 포인트를 충전하여 거래에 사용했다. 그리고 거래를 마치면 포인트 출금 요청을 진행하여 입금했던 현금을 다시 사용자의 계좌로 돌려 받았다. 물론 사용자의 계정에 충전되는 포인트는 해당 거래소 전용으로 타 거래소로 이동하거나 거래에 사용할 수 없었다. 따라서 거래소별로 암호화폐 시장이 형성되었고, 가격도 큰 차이가 났다. 만약 거래소가 운영상의 문제로 법정화폐나 암호화폐의 입출금을 제한하게 된다면, 사용자는 자신의 자산이지만 마음대로 사용할 수 없는 상황이 벌어지는 것이다.

2010년 설립되어 당시 전 세계 비트코인 거래를 가장 많이 담당했던 마운트곡스Mt.Gox 거래소에서 2013년 중반 미국 국토안보부의 연방 자금 세탁법에 따른 자금 압수로 달러를 비롯한 법정화폐 인출이 중단되는 사건이 발생하였다. 거래소에 보관된 자금을 인출하기 위해서는 비트코인을 구매하여 비트코인으로 출금하는 방법밖에 없었고, 이로 인해 마운트곡스 거래소의 비트코인 가격이 다른 거래소 대비 10% 이상 올라 그 손해를 사용자가 떠안게 되었다. 탈중앙화된 거래를 위해 개발된 비트코인을 거래하는 거래소 사용자들이 중앙화된 금융의 피해를 감당하는 모순이 발생한 것이다.

2012년 설립된 비트파이넥스Bitfinex 거래소는 달러 대신 USDT를 채택하면서 사용자들의 관심을 받기 시작했다. 물론 USDT와 비트파이넥스 거래소 간의 관계에 대한 많은 논란이 있었다. 그러나 사용자들은 USDT가 달러화와 1:1의 가치를 가지며 블록체인 네트워크를 통해 쉽게 이동시킬 수 있고 스스로 관리할 수 있는 자산이라는 점에 집중했다. 마운트곡스의 달러화 출금 제한을 경험한 사용자들에게 USDT는 거래소의 현물 화폐 출금 제한에 대한 대안이 될 수 있었다. 2014년 해킹에 의한 마운트곡스 파산의 영

항도 있었지만, USDT 거래로 인해 비트파이넥스는 거래량이 가장 많은 거래소로 등극하였다. 이후 많은 거래소가 암호화폐 거래에 USDT를 지원하며 엄청난 돈이 암호화폐 시장과 블록체인 안으로 유입되었다.

암호화폐 거래소에서의 USDT 사용으로 두 가지 큰 변화가 생겼다. 먼저 거래소 간 자산의 이동이 쉬워졌다. 기존에는 거래소 간 자산을 이동하기 위해서는 이용하던 거래소에서 자산을 법정화폐로 출금하고, 이동하는 거래소로 입금하여 포인트를 발급받아야 했다. 그러나 USDT의 경우는 기존 거래소에서 다른 거래소 계정 주소로 자산을 바로 옮길 수 있게 되었다. 이로써 자산의 소유자가 주도하는 자산 거래 즉, 중앙화된 거래소를 사용하지만 자산 이동 및 사용에 대한 의사 결정을 스스로 할 수 있는 넓은 의미의 탈중앙화된 거래 방식이 시작된 것이다.

두 번째로 자산의 이동이 쉬워지면서 거래소별로 차이가 났던 암호화폐의 가격이 안정화되었다. 물론 아직도 거래소별 암호화폐 가격 차이는 있다. 그러나 거래소별 자산 이동이 간편해지면서 차익 거래가 활발하게 발생하였고, 이로 인해 거래소별 암호화폐의 가격이 거의 동등한 수준으로 안정화될 수 있었다.

디파이에서는 거래 안정성을 위해 현실 세계에서 거래되는 암호화폐의 정확한 가격 데이터가 중요하다. 그런데 USDT의 사용으로 표준화된 가격 산정을 위한 기초가 마련된 것이다. 또한 시장 가격이 USDT 기준으로 제공되면서 디파이에서의 이자율과 수익 계산을 달러화 기준으로 쉽게 할 수 있어 현재까지도 시장에서 사용되고 있다.

최초의 스테이블코인인 USDT가 넓은 의미의 디파이를 시작하게 하였다면, 메이커다오의 DAI는 좀 더 본격적으로 디파이 시장을 열게 된 계기가 되었다. DAI를 발행하기 위해 과담보 대출의 형식으로 담보를 맡기고, 새로운 코인을 발행하는 시스템을 만들었다. 이것을 기반으로 디파이 머니 레고 시스템이 시작되었다.

머니 레고는 디파이 생태계 내에 존재하는 다양한 기능의 스마트 컨트랙트를 자유롭게 조합하여 새로운 디파이 서비스를 개발하는 것을 말한다. DAI가 담보를 기반으로 새로운 화폐를 발행하는 중앙은행의 역할을 했다면, 새로운 화폐를 발행하는 대신에 다른 사람이 맡긴 암호화폐를 빌려주는 형식의 컴파운드 파이낸스 같은 랜딩 프로토콜은 일반 은행의 역할을 제공하였다.

예금, 대출 프로토콜들이 생겨나고 대출받은 암호화폐로 원하는 투자를 진행하기 위해 암호화폐 간 교환이 필요하게 되었다. 이런 필요가 디파이 생태계에서 암호화폐를 교환할 수 있는 탈중앙 거래소인 DEX의 출현 배경이 된 것이다.

물론 단순히 스테이블코인의 출현으로 인해 디파이 생태계가 구축되고 성장한 것은 아니다. 그러나 분명한 것은 암호화폐를 실생활에서 결제가 가능한 고정된 가격을 가진 화폐로 만들려는 노력이 스테이블코인을 탄생시켰으며, 이렇게 가격이 고정되어있는 스테이블코인을 기반으로 기존 금융과 유사한 탈중앙화된 금융 시스템이 디파이 생태계에 자리 잡을 수 있었다.

디지털 세상에서
복제할 수 없는 무언가를 만드는 능력은
엄청난 가치를 지닌다.

———————————

에릭 슈미트 Eric Schmidt

2장

디파이 예금과 대출
랜딩 프로토콜

# 랜딩 프로토콜이란
# 무엇인가?

'금융'이라고 하면 사람들은 으레 돈을 빌려주고 빌리는 것을 떠올릴 것이다. 이렇게 돈을 빌려주고 빌리는 것을 본업으로 하기 시작한 곳이 은행이다. 은행이라는 신뢰할 수 있는 중개자를 통해 예금과 대출이 발전하게 되었다.

은행에서는 예금자들이 예치한 자산을 필요한 사람이나 기관에 대출해주고 이자를 받아 운영비와 이윤을 제외한 나머지를 예금자에게 이자로 지급한다. 물론 금융기관이 누구에게나 대출해주는 것은 아니다. 대출을 받기 위해서는 그에 해당하는 담보를 제시하거나 개인의 금융 거래에 대한 신용을 증명해야 한다. 금융기관은 담보나 신용도를 평가하여 대출의 규모나 금리 등을 정하기 때문

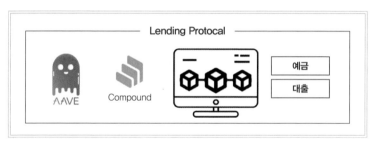

**[그림 2-1] 랜딩 프로토콜**

에 충분한 상환 능력을 가진 사람만 대출 서비스를 이용할 수 있게 되었다. 뿐만 아니라 은행은 금융 시스템을 유지하기 위해 점점 더 많은 인력과 비용이 필요해졌기에 자금을 예치한 사람에게 돌아가는 이익은 점차 줄거나 없어지게 되었다.

언제 어디서나 예금과 대출에 대한 수요는 있기에, 스마트 컨트랙트를 사용하는 블록체인에도 이러한 것이 등장하기 시작했다. 은행이 법정화폐를 이용해 예금과 대출을 했듯, 암호화폐를 이용한 예금과 대출이 등장하게 되었는데, '아베Aave', '컴파운드 파이낸스Compound Finance' 등으로 대표되는 이른바 랜딩 프로토콜Lending protocol이 그것이다.

다만, 블록체인상에서 탈중앙화된 상태로 운영되는 랜딩 프로토콜들은 미리 정해진 원칙에 따라 운영된다는 점이 중앙화된 은행과는 다르다. 상세한 운영 방식은 프로토콜마다 약간씩 차이가 있지만 기본적으로 담보에 해당하는 암호화폐를 맡기고, 그에 맞는 대출 한도 내에서 필요한 암호화폐를 빌릴 수 있다는 점은 대부분 같다. 또, 사용자는 담보물로 이용될 자산을 맡기게 되면 예금하듯 이자를 받을 수 있고, 반대로 암호화폐를 빌리게 되면 대출 이자를 내게 된다.

특이한 점은 일반적인 은행 대출과 달리 정해진 만기일이 없고, 이자는 주로 블록 단위로 계산되어 나의 대출액에 더해진다. 만약 담보물로 예금한 암호화폐의 가치가 하락하거나 대출해 간 원금과 이자 합계액이 나의 대출 한도를 넘어서면, 랜딩 프로토콜은 담보로 잡힌 암호화폐를 시장에서 자동으로 매각하여 대출이 부실화되는 것을 방지한다. 또한 블록체인의 안정적인 인프라를 사용하기에 운영과 유지보수에 비용이 거의 들지 않아 더 높은 이자수익이 가능하다.

중앙화된 은행에서는 대출을 위해 담보 설정이 필요하지만, 랜딩 프로토콜에서는 예금을 하면 동시에 대출을 할 수 있는 권리가 생긴다. 따라서 쉽게 대출받을 수 있다는 장점으로 인해 랜딩 프로토콜의 사용 규모가 늘어나기 시작했다. 여기에 더해 여러 랜딩 프로토콜들이 예금하는 사람과 대출하는 사람 모두에게 자체 토큰을 발행하여 나눠주기까지 시작했다. 이 때문에 대출을 해도 돈을 버는 경우까지 생기게 되면서 랜딩 프로토콜들은 비약적인 성장을 하게 되었다.

[Crypttempo 유튜브] **랜딩 프로토콜**

디파이 생태계에서 암호화폐의 예금 대출 서비스인 랜딩 프로토콜은 어떤
특징이 있는지, 어떤 방식으로 운영되는지 설명합니다.

# 담보인정비율과
# 대출의 활용

대출받을 때 보통은 대출 금액보다 큰 담보물을 요구한다. 보통은 담보물의 가치를 비율로 계산하여 대출 가능 한도를 정하는데 이것을 담보인정비율Loan To Value(이하 LTV)이라고 한다. 만약 담보물의 시장가치가 100이고 LTV가 80%라면, 80까지 대출해주는 식이다.

이렇게 담보물의 가치보다 적은 금액을 대출하는 것을 과담보 대출이라고 한다. 대출자가 상환 능력을 잃어 담보물을 처분해야 하는 경우, 들어가는 여러 가지 비용을 고려하더라도 대출기관에 손해가 없도록 널리 이용하는 방법이다. 대부분 디파이 랜딩 프로토콜에서도 과담보 대출을 이용하는데, 여기서는 담보와 대출이 모두 암호화폐로 이루어진다.

모든 암호화폐의 LTV가 같은 것은 아니다. 은행에서도 가치가 높고 쉽게 변하지 않는 담보에 많은 대출을 집행하는 것처럼, 암호화폐별로 LTV가 다른 이유는 바로 담보물 가치의 안정성 때문이다. 가치가 안정적인 스테이블코인이나 가치가 높은 BTC, ETH 등은 LTV가 높고, 상대적으로 가치가 낮고 변화가 급격한 CRV나 SUSHI 등은 LTV가 낮다. 이는 가치가 하락할 경우, 담보로 맡긴 자산을 청산해야 하는데, 가치 변동이 심할수록 청산 시 원금 회수에 대한 위험이 커지기 때문이다.

일반적으로 내가 가진 자산의 가치가 올라갈 것으로 예상되거나, 자산을 처분하고 이후에 다시 매입하는 데 비용이 많이 든다면 담보 대출을 사용하게 된다. 이는 암호화폐 대출의 경우에도 마찬가지다. 비트코인이나 이더리움 가격이 오를 것으로 기대하는 사람이 급하게 돈이 필요할 때, 보유하고 있는 비트코인이나 이더리움을 팔지 않고도 대출을 이용하여 필요한 자금을 빌릴 수 있는 것이다. 이후에 대출을 상환할 여건이 되면 대출받았던 암호화폐와 이자를 상환하여 맡겼던 담보물을 찾으면 된다. 이때, 담보물로 맡겼던 암호화폐의 가격이 오르게 되면 대출을 사용했음에도 불구하고 자산이 늘어나는 상황이 될 것이다. 반대로 가격이 예상대로 흘러가지 않았더라도 내가 보유했던 암호화폐의 수량은 그대로 지킬 수 있다.

　좀 더 적극적인 관점에서 투자를 위해 대출을 이용할 수도 있다. 작은 힘으로도 무거운 것을 들어 올릴 수 있는 지렛대처럼, 랜딩 프로토콜을 활용하면 적은 자본으로 큰 투자를 일으키는 레버리지 투자가 가능하다. 만약 10ETH을 보유한 사람이 이더리움 시세가 상승할 것으로 기대하고 더 많은 ETH 투자 효과를 누리고 싶다면, 가지고 있는 10ETH을 담보로 맡기고 USDC 등의 스테이블코인을 빌린다. 이것으로 다시 ETH을 시장에서 매입하면 10ETH 보다 많은 ETH 투자 효과를 볼 수 있다.

# 돈을 빌려도 수익이 나는 마법
# 리워드 코인

일반적으로 대출 이자는 예금 이자보다 높기 마련이다. 예금과 대출이 주업인 은행의 경우 높은 대출 이자와 낮은 예금 이자 사이의 차이만큼을 이익으로 가져가는 비즈니스 모델을 가지고 있다. 디파이의 랜딩 프로토콜도 마찬가지로 예대마진 비즈니스 모델을 기초로 하고 있다.

여기까지가 디파이 랜딩 프로토콜의 전부였다면 결국 기존 금융권의 예금과 대출 상품을 그대로 블록체인에 구현한 것에 지나지 않았을 것이다. 하지만 대표적인 랜딩 프로토콜 중 하나인 컴파운드 파이낸스가 자체 발행한 COMP 코인을 사용자에게 나눠주기 시작하면서 판도가 바뀌었다.

블록체인 기술과 스마트 컨트랙트 덕분에 새로운 토큰을 만들고, 이를 배분하는 것은 크게 어렵지 않은 일이다. 그래서 랜딩 프로토콜들이 각 프로토콜의 사용자인 예금자와 대출자에게 프로토콜 사용을 독려하기 위해 자체 코인을 만들어 나누어 주게 되었다. 이를 '리워드 코인'이라 하고 한국에서는 리워드 코인을 채굴에 빗대어 '곡괭이'라고도 부른다.

여러 랜딩 프로토콜들이 예치자 뿐만 아니라 대출자에게도 역시 리워드 코인을 분배하게 되면서 대출받았음에도 수익을 내는 마이너스 금리 상황이 발생하였다.

예를 들면 특정 코인의 대출 금리가 3%일 때, 해당 코인을 대출받으면 10% 리워드 코인을 분배하여 대출을 사용하면서도 7%의 수익이 나게 된 것이다. 심지어 사용하는 랜딩 프로토콜의 가치가 오르면서 코인 가격이 상승하면 이익은 훨씬 높아질 수 있다. 물론 사용자 유치를 위해 리워드 코인을 무분별하게 지급하고 초기 사용자들이 수익을 현실화하기 위해 리워드 코인을 시장에 매도하기 시작하면 코인의 가격은 하락한다. 또 프로토콜의 가치를 끌어올릴 동력이 없다면 리워드로 받은 코인 가격이 급락하게 되는데, 이런 것을 '곡괭이가 부러졌다'라고 표현하기도 한다.

다음 표와 같이 운영하는 랜딩 프로토콜이 있다고 하자.

| 코인명 | 비트코인(BTC) | 담보인정비율(LTV) | 50% |
|---|---|---|---|
| 예금 (1년 기준) | | 대출 (1년 기준) | |
| 이율 | 1% | 금리 | 5% |
| 리워드 코인 | 100ea / BTC | 리워드 코인 | 100ea / BTC |

현재 BTC를 100개 보유하고 있으며, 이 프로토콜을 이용해 한 도까지 대출한 후 전부 다시 예치하는 방법으로 1년간 투자한다고 생각해보자. 이때 1BTC의 가격은 1,000,000원이고 리워드 코인의 가격을 1,000원이라고 했을 때 계산은 [그림 2-2]와 같다.

1년간 예치하고 대출만 진행했을 경우, 13.5%였던 수익이 재예 치를 통해 19%로 올라가는 것을 볼 수 있다. 추가로 알아야 할 것

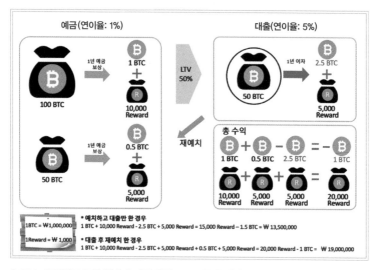

[그림 2-2] 리워드 코인 분배에 따른 랜딩 프로토콜 투자 수익

은 대출 금액을 다시 예치했기 때문에 현재 예치금은 초기 예치한 100 BTC가 아니라 150 BTC가 되고, 여기 LTV 50%를 계산하면 75 BTC이다. 현재 대출한 금액이 50 BTC이기 때문에 추가로 25 BTC에 해당하는 암호화폐를 대출받을 수 있다. 아래 표는 대출과 재예치를 반복했을 경우의 수익율을 계산한 결과다.

| 예치 수량 | 이자 | Reward | 담보 인정금액 | 대출 수량 | 이자 | Reward | 총수익 | 수익율 | 담보 이용률 |
|---|---|---|---|---|---|---|---|---|---|
| 100.00 | 1.00 | 10,000 | 50,000,000 | 0.00 | 0.00 | 0 | 11,000,000 | 11.0% | 0.0% |
| 150.00 | 1.50 | 15,000 | 75,000,000 | 50.00 | -2.50 | 5,000 | 19,000,000 | 19.0% | 66.7% |
| 175.00 | 1.75 | 17,500 | 87,500,000 | 75.00 | -3.75 | 7,500 | 23,000,000 | 23.0% | 85.7% |
| 187.50 | 1.88 | 18,750 | 93,750,000 | 87.50 | -4.38 | 8,750 | 25,000,000 | 25.0% | 93.3% |
| 193.75 | 1.94 | 19,375 | 96,875,000 | 93.75 | -4.69 | 9,375 | 26,000,000 | 26.0% | 96.8% |
| 196.88 | 1.97 | 19,688 | 98,437,500 | 96.88 | -4.84 | 9,688 | 26,500,000 | 26.5% | 98.4% |

물론, 위에서 보여준 예시는 단지 이해를 돕기 위한 단순화된 경우이며, 현실에서는 BTC 가격, 리워드 코인 지급 수량 및 가격, 금리, LTV까지 모두 수시로 바뀔 수 있다. 또 트랜잭션이 일어날 때마다 가스비가 발생하기 때문에 레버리지를 사용하여 투자하는 게 반드시 수익률이 높아지는 방법은 아니다.

디파이 사용설명서

# 랜딩 프로토콜의
# 이자율 매커니즘

금융기관에서는 예금 상품에 대한 이자나 대출 상품에 대한 금리가 정해져 있다. 변동 금리 상품이라고 해도 일정 기간은 금리가 동일하고, 주기별로 정해지는 기준 금리에 따라 변하게 된다. 그러나 랜딩 프로토콜에서는 암호화폐 자산의 가격 변동에 따라 예치된 자산의 가치와 대출 자산의 가치도 변하기 때문에 실시간으로 금리가 변하게 된다. 물론 이자율이 결정되는 원리를 모르더라도 변하는 이자율을 실시간으로 보여주기 때문에, 이것을 보고 투자나 이용을 결정해도 된다. 그러나 이자율이 결정되는 원리를 알아야 이자율이 급하게 변동하거나 수익률이 떨어지는 원인을 알 수 있고, 이를 통해 좀 더 정확한 의사 결정을 할 수 있다.

랜딩 프로토콜은 예금 및 대출에 사용할 암호화폐를 결정하여 유동성 풀을 구성한다. 예금자는 해당 암호화폐를 유동성 풀에 예치하고 이자를 받고, 대출자는 해당 풀에서 원하는 만큼 대출받고 이자를 원금과 함께 상환한다. 여기서 중요한 것은 디파이에서의 이자는 대부분 사용하는 블록체인 네트워크의 블록 단위로 결정된다는 것이다. 즉, 매 블록마다 총대출 규모를 확인하고 정해진 이자율을 적용하여 대출 이자를 결정한다. 여기서 해당 암호화폐의 유동성 풀을 운영하는 비용을 제외하고, 나머지를 유동성 풀의 기여도에 따라 예금자에게 이자로 지급한다. 랜딩 프로토콜이 사용하는 블록체인 네트워크가 이더리움이라면 이자는 목표 시간인 약 12초 단위로, 클레이튼이라면 약 1초 단위로 이자가 결정되는 것이다.

랜딩 프로토콜에서는 수학적 모델을 사용하여 금리를 결정하게 되는데 일반적으로 'Jump Rate Model'을 사용한다. 'Jump Rate Model'은 자산의 이용률Utilization Ratio에 따라 금리가 변하는 모델로, 이때 이용률은 예치된 자산과 대출된 자산의 비율이다. 암호화폐의 가격 변동에 따라 자산의 가치가 거의 실시간으로 변하기 때문에 매 블록 단위로 이용률을 확인하고 정해진 대출 이자율을 적용한다. [그림 2-3] 그래프에서 보는 것과 같이 이용률이 올라가면, 금리도 같이 올라간다. 금리가 올라가면 대출자의 입장에서는

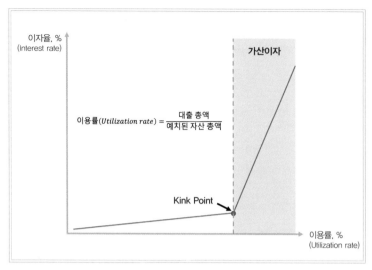

[그림 2-3] Jump Rate Model에서 이용률에 따른 이자율 변화

대출한 자본을 상환하려 할 것이고, 예금자 입장에서는 높은 이자를 받을 수 있으므로 추가 예치를 유도하여 풍부한 유동성을 유지할 수 있게 된다.

전통적인 금융에서는 예금자를 보호하기 위한 여러 장치가 있다. 은행이 파산할 경우, 맡겨둔 자산이 전부 사라지는 것을 방지하기 위해 만든 예금보험제도 같은 것이다. 물론 정상적인 랜딩 프로토콜이라면 파산이 불가능하고 이용자가 모두 떠나도 개인의 자산은 문제없이 회수할 수 있을 것이다. 그런데 파산은 아니지만 예치했던 자산의 인출에는 일시적인 문제가 있을 수 있다. 바로 예금된 모든 자금이 대출이나 투자에 사용되었을 경우인데, 이 경우 예금자가 인출을 요구한다고 해도 불가능한 상태가 된다. 만약 내가 예치해 놓은 자산의 가치 하락이 예상된다면 예금자는 자산을 인출하여 현금화하려 할 것이다. 그런데 예치한 자산을 인출하지 못하는 일이 생긴다면 큰 손해를 보게 될 수 있다. 랜딩 프로토콜상에 있는 하나의 풀은 예치액의 합계에서 대출액의 합계를 뺀 금액만을 추가로 대출해주거나 예금을 인출해줄 수 있다. 또 두 수치를 나눈 풀 이용률Utilization rate이 100%가 되면 추가적인 대출은 물론이고, 내가 예치한 내 자산일지라도 당장 인출할 수 없는 상황이된다. 이러한 상황을 최대한 방지하고자 랜딩 프로토콜에서는 가산이자를 부과하여 이를 해결한다. 정해진 이용률 이상의 대출이 실행되면 대출 이자율이 급격하게 증가하도록 하여 대출한 사람이 원금과 이자를 상환하도록 촉진시키는 것이다. 이를 통해 예금자는 인출하지 못하는 기간 동안 더 높은 이자를 지급 받아 손해를 줄일 수 있다. 이후에 대출이 상환되면 예금을 인출할 수 있게 되어 문제가 해결된다.

[Crypttempo 유튜브] **랜딩 프로토콜의 이자율**
프로그래밍으로 구현된 랜딩 프로토콜에서 이자를 어떻게 결정하는지 설명합니다.

# 랜딩 프로토콜의
# 청산

금융기관에서 대출을 실행하게 되면 정해진 일정에 이자, 원금 혹은 원리금을 상환해야 한다. 만약 정해진 기일에 납부해야 할 금액을 지키지 못했을 경우, 금융기관은 해당 대출의 담보물을 매각하여 대출금 및 이자를 충당한다. 이런 과정에서 금융기관은 손해가 발생하지 않도록 주로 부동산과 같이 대출 발생 시 평가한 담보물의 가치가 크게 변하지 않는 안정된 물건을 담보물로 잡게 된다.

스마트 컨트랙트에 의해 작동되는 디파이 생태계에서는 이자의 지급이나 상환, 원금의 반납 등의 모든 거래 활동마다 가스비를 지불한다. 따라서 이자나 원금의 상환을 자주 하면 배보다 배꼽이 커질 수도 있다. 이러한 단점을 극복하기 위해 많은 디파이 프로토콜들은 별도의 납부 기일을 두지 않고, 과담보로 설정한 담보물의 가치가 담보 능력을 보증하는 범위 내에서 마이너스 통장과 비슷한 형태로 대출을 이용하고 상환할 수 있도록 설계되어 있다. 그런데 가격 변동이 심한 암호화폐의 특성상 대출한 암호화폐의 가치보다 담보 가치가 쉽게 낮아질 수 있다. 이렇게 되면 대출을 받은 사람들은 상환을 포기하게 되고 랜딩 프로토콜은 손해를 보게 된다. 그래서 랜딩 프로토콜에서는 이것을 방지하기 위해 '강제 청산' 방식으로 운영한다.

담보 이용률 즉, 예치한 금액에 대해 담보인정비율을 곱한 만큼의 금액 대비 대출받은 금액과 이자의 합계액의 비율이 100%를 넘어가게 되면 담보물에 대한 즉각적인 청산이 일어난다.

$$\text{담보 이용률} = \frac{\text{대출} + \text{이자}}{\text{예금} \times \text{LTV}} \geq 100\% \quad \boxed{\text{강제 청산}}$$

물론 이러한 경우에도 랜딩 프로토콜은 과담보 대출이기 때문에 담보를 시장에서 매각하여 대출액과 이자를 보전하기에 충분하다. 그리고 이를 통해 전체 대출이 부실화하는 것을 방지할 수 있다. 대출 이용자는 이런 강제 청산을 당하지 않기 위해, 담보 이용률이 100%보다 낮게 유지되도록 추가적인 담보물을 예치하거나

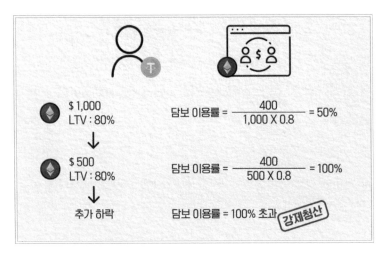

[그림 2-4] **청산이 일어나는 예시**

대출 원금 및 이자의 일부를 상환하여야 한다. 예를 들어 ETH이 1,000달러이고 LTV가 80%일 경우 1ETH을 예치한 후 400달러 상당의 USDT를 대출받았다면 이때 담보 이용률은 50%가 된다. 이 경우 ETH의 가격이 하락하여 500달러보다 낮아졌다면 이용률이 100%를 넘게 되어 바로 청산이 일어나게 되는 것이다. 이때 청산을 피하기 위해서는 추가 담보를 예치하거나 대출한 금액의 일부를 상환하여 담보 이용률을 떨어뜨려야 한다.

디파이 대출을 이용하는 사용자는 항상 이러한 청산의 위험에 대해 명확히 알아야 한다. 디파이는 특성상 정해진 영업시간 없이 블록체인상에서 24시간 쉬지 않고 운영되기 때문에 언제든 갑작

스러운 시세 변동에 따른 청산의 가능성이 존재한다. 어떤 경우에는 청산의 위험을 인지하여 그에 따른 추가 담보물을 예치하거나, 대출금을 상환하는 트랜잭션을 시도하는 중에도 청산이 먼저 이루어질 수도 있다. 대개 청산이 이루어지는 시점은 급격한 시세 변동이 일어나는 경우로, 트랜잭션들이 한 번에 경쟁적으로 실행되어 가스비가 엄청나게 치솟게 된다. 이로 인해 추가 담보예치나 상환을 위한 트랜잭션 승인이 지연되거나 실패할 수 있기 때문이다. 따라서 이러한 위험에 대해 충분히 이해하고 청산이 일어나지 않도록 미리 관리하는 것이 중요하다.

---

[Crypttempo 유튜브] **랜딩 프로토콜의 청산**
랜딩 프로토콜에서 대출의 부실화를 막기 위해 사용하는 강제 청산 방식은 어떻게 운영되는지, 청산을 피하려면 어떻게 해야 하는지 설명합니다.

---

# 무담보 대출 서비스
# 플래시론

사실 우리가 익히 아는 모든 대출은 담보 대출이다. 신용 대출이 무담보 대출 아니냐 생각할 수도 있지만, 신용 대출 역시 오랜 기간 쌓아온 신용을 기초로 상환 능력을 담보화한 것일 뿐이다. 하지만 블록 단위의 맺음이 있는 블록체인, 그리고 스마트 컨트랙트 상에서는 진짜 무담보 대출이란 것이 존재하는데 바로 '플래시론Flash loan'이다.

이더리움 블록체인에서 거래 내역인 트랜잭션은 '멤풀'이라는 대기 장소에 있다가 블록 생성자에 의해 가스비가 높은 순으로 실행된다. 여기서 성공한 트랜잭션은 블록에 담기면서 트랜잭션에 의한 변동사항이 네트워크에 저장된다. 실패한 트랜잭션은 트랜잭

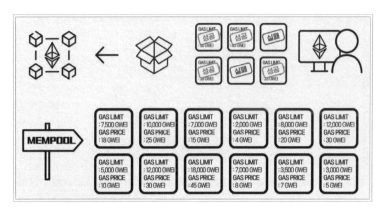

[그림 2-5] **플래시론 개념도**

션에 의한 변동사항을 저장하지 않게 된다. 따라서 실패한 트랜잭션은 블록체인 네트워크에 저장된 기존 데이터에 아무런 영향을 미치지 못하게 되는 것이다.

2020년 랜딩 프로토콜인 아베는 이런 이더리움 블록체인의 특징에서 착안하여 '플래시론'이라는 무담보 대출 서비스를 제공하기 시작했다. 대출금의 수령, 사용, 상환의 과정을 한 블록에서 모두 실행하게 한다면, 실패한 트랜잭션은 실제 대출의 실행 없이 사용자의 가스비만 사용한다. 반면에 성공한 트랜잭션은 대출 원금과 사용 이자를 상환한 결과가 포함되어 기록된다. 따라서 대출 원금이 사라질 위험이 전혀 없어 담보가 필요 없는 대출 상품을 출시할 수 있는 것이다.

물론 대출금의 수령, 사용, 상환의 과정을 한 블록에 담기 위해

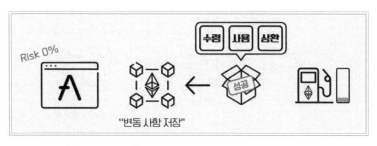

[그림 2-6] **플래시론, 무담보 대출 서비스**

서는 한 번에 여러 개의 트랜잭션을 만들어 동시에 실행해야 한다. 따라서 일반 사용자들이 주로 사용하는 메타마스크 등의 지갑만으로는 사용이 불가능하다. 하지만 이를 지원하는 특정 툴을 사용할 수 있거나 직접 코딩이 가능한 고급 사용자들은 플래시론 서비스를 활용하여 다양한 거래를 진행할 수 있게 되었다. 이더리움의 경우 1개 블록의 목표 시간인 약 12초 정도로 짧은 시간 안에 번개처럼 빌렸다 갚는다 해서 '플래시론'이라는 이름이 붙은 것이다. 그렇다면 이런 플래시론은 누가, 어떤 목적을 위해서 사용할까?

많은 경우 플래시론은 두 곳의 시장 가격 차이를 통한 재정 거래Arbitrage를 위해 이용된다. 동일한 암호화폐가 DEX A에서는 1,000 USDT, DEX B에서는 1,005 USDT에 거래되고 플래시론 이용 수수료가 0.1%라고 가정하자. 대출자는 플래시론을 이용하여 10,000,000 USDT 빌려 DEX A에서 암호화폐 10,000개를 구매한다. 그리고 DEX B에서 팔아 10,050,000 USDT로 교환한 후 수수

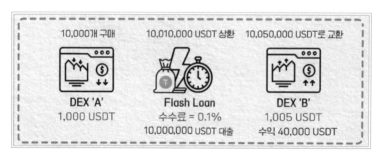

[그림 2-7] 플래시론을 활용한 재정거래 예시

료 10,000 USDT를 더해 10,010,000 USDT를 상환하여 트랜잭션을 마무리 할 수 있다. 이런 과정이 성공한다면 대출자는 이 거래를 통해 40,000 USDT의 수익을 올릴 수 있다. 이러한 거래들이 계속 일어나면 각 DEX 별 암호화폐의 가격은 서로 큰 차이 없이 비슷한 시장 가격을 유지할 수 있게 된다.

이렇듯 플래시론의 등장은 무담보로 큰 자금을 일시적으로 활용할 수 있는 가능성을 제시함으로써 기존에는 하기 어려웠던 다양한 활용 사례가 나타났다. 비록 플래시론을 악의적인 공격이나 해킹에 활용하는 경우도 생겨나긴 했다. 그렇지만 플래시론을 이용하여 긍정적인 역할 수행을 하는 봇들이 개발되어, 더욱 풍성하고 사용성이 개선된 디파이 생태계가 형성될 수 있었다.

---

[Crypttempo 유튜브] **플래시론**
2020년 AAVE에서 이더리움 블록체인의 특징을 이용한 무담보 대출 서비스인 플래시론에 대해 설명합니다.

---

# AAVE
# 사용하기

AAVE(아베)의 전신인 ETHLend(이더렌드)는 2017년에 핀란드에서 서비스를 개시했다. 초기의 ETHLend는 디파이 형태가 아닌, 신뢰할 수 있는 제3자가 개인 간 대출 서비스를 중개하는 P2P Lending Model이었다. 이후 ETHLend는 2020년 초에 핀란드어로 '유령'을 뜻하는 'AAVE(아베)'로 이름을 바꾸고, P2P 방식에서 진정한 디파이 형태의 서비스로 리뉴얼 하여 론칭하였다. 컴파운드 파이낸스Compound Finance와는 다르게 고정 금리 대출 서비스도 제공하고 있으며, 최초로 플래시론을 도입하였다. 컴바운드 파이낸스를 포함한 대부분의 랜딩 프로토콜의 사용법은 유사하기 때문에 여기서는 AAVE를 사용하여 토큰을 예금하고 대출하는 기본적인 기능을 어떻게 사용하는지 알아보도록 하자.

## 0. 화면 구성

AAVE 사이트(https://app.aave.com)에 접속하여 'Connect Wallet'
메뉴로 지갑을 연결하면 메인에 접속할 수 있다. 여기서는 크롬 확
장 지갑인 메타마스크를 사용할 것이기에 'Browser Wallet'을 선
택한다. 'Ethereum Market'이라고 되어 있는 부분이 네트워크 메
뉴인데 여기서는 아비트럼 네트워크를 사용한다.

AAVE의 화면은 메뉴바와 요약 창이 상단에 있고 좌우에 예금
과 대출 창이 배치되어 있다. 메뉴바에는 전체 메뉴가 있고, 우측

[그림 2-8] AAVE 사용하기 _ 네트워크 선택 및 지갑 연결

위에는 지갑 메뉴가 있다.

지갑 메뉴에서는 지갑을 변경하거나 연결을 끊을 수 있고, 현재 지갑 주소를 복사할 수도 있다. 가장 하단에 'View on Explorer' 메뉴는 각 네트워크의 블록 탐색기로 연결해 준다. 지갑 메뉴 옆에서는 화면 테마, 테스트넷 사용, 언어 등의 설정이 가능하다. 바로 아래 메뉴에서는 사용하고자 하는 네트워크를 선택할 수 있고, 그 아래는 연결된 지갑에서 AAVE 서비스를 이용하고 있는 총금액과 APY(연간 수익률, Annual percentage yield)을 확인할 수 있다. 예금, 대출 창 상단에는 연결된 지갑에서의 상세 사용 내역을 확인할 수 있고, 그 아래는 사용이 가능한 암호화폐 자산들의 정보가 나열된다.

[그림 2-9] AAVE 사용하기 _ 지갑 연결 후 메인 화면

# 1. 예금하기

예금을 하기 위해서는 먼저 예금 가능한 암호화폐를 내 지갑에 보유해야 한다. 다양한 방법이 있겠지만 중앙화된 거래소를 이용하여 암호화폐를 구매하고 지갑 주소로 송금하는 것이 일반적이다. 좌측 'Assets to Supply'탭에서 예금이 가능한 암호화폐를 확인하고, 준비되었다면 우측에 'Supply' 버튼을 클릭하여 예금을 진행할 수 있다. 'Show assets with 0 balance'를 체크하면 AAVE에서 지원하는 예금 가능한 모든 화폐 리스트를 볼 수 있다. 예금 가능 리스트는 토큰명, 현재 지갑 내 보유량, APY 이율, 담보 사용 가능 여부로 구성되어 있다. 'Detail' 버튼을 클릭하면 해당 토큰에 대한 상세한 내용을 확인할 수 있는 페이지가 호출된다. USDC 입금을 위해 'Supply' 버튼을 클릭하면 예금 설정 창이 팝업되며, 예금하려는 토큰 수량을 입력한다.

AAVE에서 해당 토큰을 처음 사용한다면 먼저 'Approve USDC to continue' 버튼이 생기고, 이를 클릭하여 토큰 사용 승인을 해야 한다. 버튼을 클릭하면 메타마스크에서 해당 토큰에 대한 지출 한도를 설정하는데 충분히 큰 금액을 입력하거나 '기본값 사용'을 선택하면 된다. 승인 후에 활성화되는 'Supply USDC' 버튼을 클릭하면 트랜잭션 요청이 시작된다. Approval 및 Supply 트랜잭

[그림 2-10] AAVE 사용하기 _ 예금하기

션이 완료되면 해당 코인을 예금한 증거로 aUSDC 코인이 발급된다. 또 알림 창 중간에 'Add to wallet' 버튼을 클릭하여 암호화폐 지갑 자산 탭에서 볼 수 있게 추가할 수 있다. 예금 창 상단 'Your supplies'에 예금에 대한 상세 정보가 나타나는데 'Collateral' 스위치를 Off 하면 대출 시 해당 토큰을 담보로 사용하지 않는다. 예금한 토큰을 인출하려면 'Withdraw' 버튼을 클릭하면 되고, 'Swap' 버튼을 이용하여 다른 토큰으로 교환 예치할 수 있다.

## 2. 대출하기

메인페이지 우측 'Assets to Borrow' 탭 하단에서 대출이 가능한 토큰 리스트를 확인할 수 있다. 대출 가능 토큰 리스트는 토큰명,

LTV를 적용한 대출 가능 수량, APY 변동 금리, APY 고정 금리로 이루어져 있다. 변동 금리와 고정 금리는 대출할 때 선택할 수 있으며 고정 금리가 변동 금리보다 조금 높게 책정되어 있다. 물론 대출 후에도 변경할 수 있다. DAI를 대출받기 위해 우측 'Borrow' 버튼을 클릭하면 대출 설정 창이 팝업되며 위에서부터 금리를 선택하고 대출하려는 수량을 입력한다. 입력 수량 아래 'Health factor'는 대출 실행에 따른 청산 위험을 나타내는 지표이다. 'Borrow DAI' 버튼을 클릭하면 트랜잭션이 시작되고, 트랜잭션이 완료되면 알림창에서 'Add to wallet' 버튼을 클릭하여 대출받은 토큰을 암호화폐 지갑 자산 탭에서 볼 수 있게 추가할 수 있다. 대출 상단에 'Your borrows'에 대출에 대한 상세 정보가 나타나

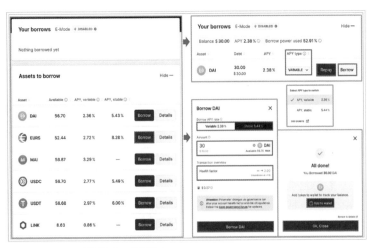

[그림 2-11] AAVE 사용하기 _ 대출하기

는데 대출받은 금액과 적용된 금리 및 금리 타입, 대출 가능 금액 중 사용한 금액에 대한 비율이 표시된다. 'APY type'을 클릭해서 고정 금리와 변동 금리를 선택할 수 있는데 변경하는 시점에 정해 져 있는 금리가 자동 적용된다. 대출 금액을 상환하려면 'Repay' 버튼을, 추가 대출을 위해서는 'Borrow' 버튼을 클릭하면 된다.

## 3. 서비스 사용 현황 확인하기

네트워크 메뉴 하단에서 현황과 그 아래 예금, 대출 요약을 통해 AAVE에서의 활동 내역을 쉽게 확인할 수 있다. 'Net worth'는 예 금에서 대출된 금액을 차감한 값으로 달러로 계산하여 보여준다. 'Net APY'는 예금과 대출에 따른 총이자율이다. 'Heath Factor' 는 예금액에 따른 최대 대출 가능 수량과 대출 실행 금액의 비율에 따라 작아진다. Health Factor가 클수록 담보 대비 대출 수량이 적 어 청산 위험에서 안전하다는 것을 의미하며, 1보다 작아지면 청

[그림 2-12] AAVE 사용하기 _ 서비스 사용 현황 확인 창

산이 일어난다. Heath Factor가 1에 가까워지면 청산 위험을 인지하고 추가 예치를 통해 담보를 늘리거나 대출을 일부 상환하여야한다. 예금과 대출에 대한 상세 내역은 현황 아래 'Summary'에서 확인할 수 있다.

## 4. 대출 상환하기

대출 금액을 상환하기 위해서는 'Your borrows'에서 'Repay' 버튼을 클릭한다. 상환은 내 지갑에 보유하고 있는 토큰을 사용하거나 예금한 담보물을 사용하여 할 수 있는데 'Repay' 버튼을 클릭하여 호출된 상환 설정 창에서 선택할 수 있다.

마찬가지로 상환할 수량을 입력하여 상환을 진행하는데 전체상환을 원하면 입력창 우측 아래에 'MAX' 버튼을 클릭하면 대출금액과 납부할 이자를 합친 가격이 자동으로 입력된다. 내 지갑

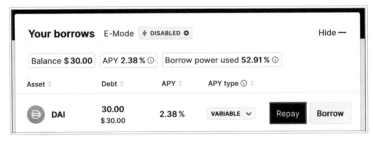

[그림 2-13] AAVE 사용하기 _ 대출 현황 창에서 상환하기

에 보유한 토큰으로 상환할 경우는 하단에 'Health Factor'와 대출 잔고를 표시한다. 담보에서 상환하는 경우는 담보로 설정된 토큰에서 상환되는 수량이 표시된 후 하단에 'Health Factor'와 대출 잔액, 담보 잔액이 표시된다. 또한 담보로 맡긴 토큰을 상환할 토큰으로 교환하여 상환하기 때문에 설정창 하단에 허용 슬리피지를 설정해야 한다. 예금할 때와 같이 상환하려는 토큰이 AAVE에서 처음 사용할 경우, 'Approve DAI to continue' 버튼을 클릭하여 사용 승인해야 한다. 'Repay DAI'를 클릭하여 상환이 완료되면 'Your borrows'에서 확인이 가능하다.

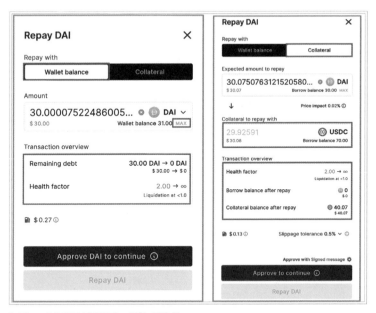

[그림 2-14] AAVE 사용하기 _ 상환 설정 창

## 5. 예금 인출하기

예금 인출은 'Your supplies' 우측 아래에 'Withdraw' 버튼을 클릭하여 진행한다. 버튼을 클릭하여 호출된 인출 설정 창에 인출할 토큰 수량을 적는다. 여기서도 전액을 인출할 경우 입력창 우측 아래에 'MAX' 버튼을 클릭하면 예치한 금액과 이자 금액의 합이 자동으로 입력된다. 하단에 'Withdraw USDC'를 클릭하면 트랜잭션이 실행되고 완료되면 인출이 마무리된다.

[그림 2-15] AAVE 사용하기 _ 인출하기

---

[Crypttempo 유튜브] **AAVE 따라하기**
대표적인 랜딩 프로토콜인 AAVE에서 기본적인 예금과 대출, 상환과 인출하는 것을 따라 해보겠습니다.

---

[Crypttempo 유튜브] **5대 거래소에 주소 등록 따라하기**
한화 입출금을 지원하는 5대 암호화폐 거래소에서 구매한 암호화폐를 메타마스크로 출금할 수 있도록 개인 지갑 주소 등록을 따라 해보겠습니다.

디파이 시장은 결국 성장한다.

마이크 노보그라츠Mike Novogratz

3장

블록체인 거래소
DEX

# 탈중앙화
# 거래소의 등장

암호화폐를 거래하기 위해서는 일반적으로 중앙화된 거래소를 사용한다. 최근에는 암호화폐 거래소들이 비교적 믿고 거래할 수 있는 환경을 제공하지만, 초기에는 해킹에 대한 보안 문제 및 사기 거래 등으로 거래소의 신뢰도가 낮았다. 그리고 거래소에 상장되지 않은 암호화폐 거래를 위해서는 다른 거래소를 찾거나 포기해야 하는 경우도 생겼다. 이런 문제점과 불편함을 해결하기 위해 초기 탈중앙화 거래소DEX, Decentralized EXchange가 등장하였다.

초기 DEX는 중앙화 거래소에서 하던 '오더북' 방식의 거래소를 블록체인상에 구축하였다. 오더북 방식은 판매하려는 사람과 구매하려는 사람이 각자 원하는 가격을 써서 올리고 그 가격이 맞았을 때 거래가 되는 방식이다. 이런 초기 DEX는 중앙화 거래소와 유사한 방식이어서 사용자들이 익숙하게 거래를 진행할 수 있었지만, 몇 가지 문제로 생각보다 활성화되지 못하였다.

첫 번째, 가스비 지출의 문제이다. 블록체인상의 거래소에서 거래를 위해 주문을 내는 경우와 목표 가격을 수정하여 주문을 취소하는 경우 모두 네트워크를 이용해야 하기에 가스비가 사용된다. 암호화폐의 변동성으로 인해 주문과 취소의 과정이 빈번하게 일어나는데 이때마다 거래가 되지 않아도 가스비는 사용되기 때문에 중앙화 거래소에서 지불하는 수수료보다 훨씬 많은 비용을 사용할 수도 있다.

두 번째, 유동성의 문제이다. 오더북 방식으로 거래를 진행하기 위해서는 실시간으로 많은 매도자와 매수자가 존재해야만 원활한 거래가 가능하다. 그러나 초기에는 사용자도 많지 않았고 특정 인기 있는 암호화폐를 제외하고는 충분한 유동성도 없었다.

세 번째, 거래 지연 문제이다. 블록체인에서 거래하기 위해서는 거래를 요청하는 트랜잭션을 만들고 채굴자에 의해 생성되는 블록에 담겨 블록체인에 기록되어야 한다. 이를 위해서 블록 생성 목표 시간만큼의 지연이 발생한다. 만약 수수료 절감을 위해 낮은 가스비를 지불한 경우에는, 대기시간이 더 길어지거나 더 높은 가스비를 지불한 사용자의 거래가 먼저 체결되어 거래에 실패하는 일도 발생한다.

　이런 문제들을 해결하고자 여러 DEX 프로젝트들이 각자의 아이디어를 가지고 출시 되었으나, 중앙화 거래소의 거래량에는 미치시 못하였다. 특히 지갑에 자산을 보관하는 사람들은 당장 암호화폐를 거래하거나 교환하기보다는 장기적으로 가치가 오를 것으로 예상하고 보관의 목적으로 가지고 있는 사람이 많았다. 따라서 DEX 프로젝트에 유동성을 공급하는 것은 더 어려운 일이었다.

　그러나 2018년 AMM Automated Market Maker(자동 시장 조성자)이라는 개념을 적용한 탈중앙화 거래소 '유니스왑Uniswap'이 출시되며 이야기는 달라졌다. AMM의 도입으로 매도, 매수 주문 없이 사용자들이 공급한 유동성을 활용한 거래가 가능해졌다. 이를 위해 유니스왑은 유동성을 공급한 사람들에게 거래대금의 0.3%를 보상으로 지급하여, 암호화폐를 지갑에 보관하던 사람들을 유동성 시장으로 끌어들일 수 있었다. 물론 디와디엑스dYdX와 같이 거의 실시간에 가까운 응답 속도를 낼 수 있는 네트워크를 사용하여 한계를 극복하고 오더북 형식을 제공하는 프로젝트도 거래량 상위권에 랭크되어 있지만, 현재 대부분의 DEX는 AMM 방식을 사용한다.

---

[Crypttempo 유튜브] **DEX**
디파이의 암호화폐 거래소인 DEX가 등장하게 된 배경과 어떻게 발전하였는지 설명합니다.

---

# AMM과
# 슬리피지

블록체인 네트워크의 속도 문제와 유동성 공급의 한계로 DEX에서 오더북 방식으로 거래를 하기는 어려웠다. 이를 해결하기 위해 미리 유동성을 공급하고 암호화폐의 가치에 따라 가격이 정해지는 방식이 고안되었다. 이것이 바로 AMM 방식이다. 현재 존재하는 AMM은 방식도 원리도 다양하지만, 기본적인 것을 이해하기 위해 유니스왑에 적용된 AMM 방식으로 설명하겠다.

AMM은 'Automated Market Maker(자동 시장 조성자)'의 약자로 수학적인 계산에 의해 자동으로 시장 가격을 조성하는 방식이다. AMM 방식으로 거래가 진행되기 위해서는 먼저 유동성을 공급받아야 한다. 먼저 거래하려는 두 암호화폐의 가치가 1:1의 비율이 되도록 유동성 풀Liquidity Pool을 구성하여 예치한다. 그 후 거래에 따라 유동성 풀에 남는 수량으로 시장 가격을 결정하는 방식이다. 예치된 암호화폐의 수량을 각각 x, y라고 하면 AMM은 다음 식에 따라 상수 K의 값이 일정하도록 자동으로 거래를 진행한다.

$$x \times y = K$$

예를 들어 가격이 모두 같은 1달러인 복숭아와 사과가 있다고 하자. 여러 사람이 복숭아와 사과를 각각 1,000개씩을 공급하여 유동성 풀을 구성했다고 하면 K=1,000,000이 된다. 이 풀을 이용하여 AMM 방식으로 거래해보자.

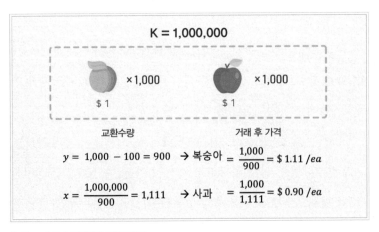

[그림 3-1] AMM 방식의 거래 예시

디파이 사용설명서

누군가 복숭아 100개를 사기 위해 사과 100개를 내놓고 거래 한다고 하면 거래가 이루어질 수 있을까? 이러한 거래가 이루어 진다면 풀의 복숭아 개수는 1,000개에서 100개가 줄어든 900개 가 되고 사과는 1,100개가 될 것이다. 하지만 K=1,000,000이라 는 규칙을 지키면서 거래하려면 사과와 복숭아는 같은 가치로 거 래될 수 없다. 계산해 보면, 사과 111개가 복숭아 100개와 교환되 어야 한다. 이때, 거래 후 사과의 가격은 0.90달러가 되고 복숭아 의 가격은 1.11달러가 되는 것을 확인할 수 있다. 거래 후 남은 수 량이 많을수록 가격은 싸지고 작을수록 가격은 올라가게 되는 것 이다.

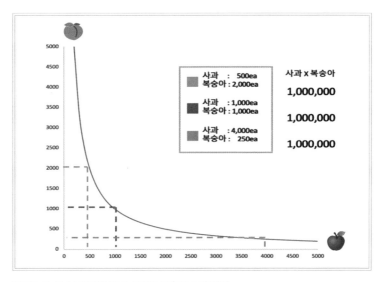

[그림 3-2] AMM 방식에 따른 사과와 복숭아 수량 변화

[그림 3-1]에서 본 것과 같이, 사과 100개로 복숭아 100개를 사려던 사람은 결국 사과 111개를 내고 복숭아를 평균 1.11달러에 구매한 것이다. 따라서 추가로 부담하게 되는데, 이때의 차액 0.11달러를 '슬리피지Slippage'라고 한다.

'복숭아 × 사과 = 1,000,000'이라는 식을 따르는 [그림 3-2]의 그래프와 같이 유동성 풀의 구성비는 변하게 되고 시장 가격은 거래 후 남은 수량에 따라 자동으로 결정되는 것이다.

그렇다면 유동성 풀의 크기와 슬리피지는 어떤 관계가 있는지 보자. [표 1]은 사과와 복숭아 유동성의 크기별로 사과 100개를 거래했을 때의 가격과 슬리피지를 계산해서 보여준다.

[표 1]에서 보면 유동성 풀의 크기가 클수록 거래 후 가격 변동이 작아서 슬리피지 발생이 작은 것을 알 수 있다. 슬리피지 발생에 영향을 주는 다른 요인은 거래량이다. 같은 크기의 유동성 풀이라면 거래량이 커질수록 슬리피지 발생이 커지는 것을 [표 2]로 확인할 수 있다. 즉, 슬리피지는 유동성 풀이 작고 거래량이 많을수록 커지게 되고, 유동성 풀이 크고 거래량이 작으면 줄어든다는 것을 알 수 있다.

AMM이 어떻게 동작하는지 이해했다면 실제 거래에서는 어떻게 거래 가격이 결정되는지 알아보자. 암호화폐 A, B의 쌍으로 이루어진 유동성 풀이 있다. 만약 시장에서 A의 가격이 오른다면 사

| 초기 수량 | | 거래 후 수량 | | 거래 후 가격 | | 슬리피지 |
|---|---|---|---|---|---|---|
| 사과 | 복숭아 | 사과 | 복숭아 | 사과 | 복숭아 | |
| 1,000 | 1,000 | 1,100 | 909 | 0.90909 | 1.10000 | 10.000% |
| 10,000 | 10,000 | 10,100 | 9,901 | 0.99010 | 1.01000 | 1.000% |
| 100,000 | 100,000 | 100,100 | 99,900 | 0.99900 | 1.00100 | 0.100% |
| 1,000,000 | 1,000,000 | 1,000,100 | 999,900 | 0.99990 | 1.00010 | 0.010% |

[표 1]

| 초기 수량 | | 거래수량 | 거래 후 수량 | | 거래 후 가격 | | 슬리피지 |
|---|---|---|---|---|---|---|---|
| 사과 | 복숭아 | | 사과 | 복숭아 | 사과 | 복숭아 | |
| 1,000,000 | 1,000,000 | 100 | 1,000,100 | 999,900 | 0.99990 | 1.00010 | 0.010% |
| 1,000,000 | 1,000,000 | 1,000 | 1,001,000 | 999,001 | 0.99900 | 1.00100 | 0.100% |
| 1,000,000 | 1,000,000 | 10,000 | 1,010,000 | 990,099 | 0.99010 | 1.01000 | 1.000% |
| 1,000,000 | 1,000,000 | 100,000 | 1,100,000 | 909,091 | 0.90909 | 1.10000 | 10.000% |

[표 2]

람들을 B를 가져와서 A로 바꾸게 될 것이다. 이에 따라 유동성 풀에는 A의 양은 줄고 B의 양은 늘어 A의 가격은 상승하고 결국 시장 가격에 맞춰지게 될 것이다. 만약에 시장 가격에 변화가 없는데 누군가가 필요해 A를 B로 바꾸게 된다면, 반대로 A의 수량이 늘고 B의 수량은 줄어 A의 가격은 시장 가격보다 낮아지게 될 것이다. 이 가격 변화를 포착한 사람이 시세 차익을 얻기 위해 다시 B를 가지고 A로 바꾸게 될 것이고, 이렇게 유동성 풀의 가격은 시장 가격을 유지하게 되는 것이다.

[Crypttempo 유튜브] **AMM과 슬리피지**

유니스왑과 함께 등장한 AMM 방식이 실제 거래에서 어떻게 동작하는지,
이때 발생하는 슬리피지는 무엇인지 설명합니다.

# 유동성 공급과
# 비영구적 손실

DEX 사용자는 암호화폐 거래 이용자와 유동성 공급자LP로 나뉜다. 앞에서는 암호화폐 거래 이용자의 관점으로 DEX에서 사용되는 AMM의 개념과 작동 방식, 그리고 거래에서 나타나는 슬리피지의 개념에 대해 알아보았다. 이번에는 유동성 공급자의 관점에서 유동성은 어떻게 공급해야 하는지, 또 공급할 때 꼭 알아야 할 비영구적 손실Impermanent Loss의 개념은 무엇인지 알아보도록 하자.

유동성 공급이란 AMM 유동성 풀에 두 화폐의 가치 비율이 1:1이 되도록 쌍으로 암호화폐를 예치하는 것을 의미한다. 만약 BTC와 ETH로 구성된 유동성 풀이 있고 가격의 비가 1:7이라고 하면 1BTC와 7ETH 같은 묶음으로 예치하여 유동성을 공급할 수 있다. 그런데 시장 가격이 변하면 가치 비율이 1:1이 되는 암호화폐의 수량이 변하게 되어 시점에 따라 다른 비율로 유동성을 공급하게 된다. 유동성을 공급할 때는 이런 변화가 문제가 되지 않는다. 그런데 만약 시장 가격에서 BTC의 가격이 급등하여 유동성 풀의 비율이 1:7이 아닌 1:10000이 되었다고 생각해 보자. 이 시점에서 유동성 공급자들이 초기 공급했던 수량에 맞춰 공급했던 토큰을 인출하면 BTC는 부족하게 되고 ETH는 엄청나게 남는 일이 생긴다.

이런 문제를 해결하고자 유동성 공급에 기여도 개념을 도입했다. 유동성을 공급하게 되면 공급한 수량이 아닌 유동성 풀에서 공급한 유동성이 차지하는 비율로 나의 자산을 표시한다. 이후 유동성을 인출하는 시점에서 그 풀의 기여도만큼을 되찾을 수 있도록 한 것이다. 만약 BTC와 ETH로 구성된 유동성 풀에 100BTC와 700ETH를 공급하여 총유동성이 1,000BTC와 7,000ETH가 되었

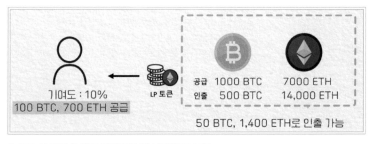

[그림 3-3] **유동성 공급 기여도의 영수증인 LP 토큰**

다면 이때 기여도는 10%가 된다. 이후 암호화폐 가격 변동으로 유동성 풀의 구성이 500 BTC와 14,000 ETH가 된 시점에서 유동성을 인출한다고 하자. 그러면 초기에 100 BTC와 700 ETH를 공급하였지만, 현재 유동성 풀의 10%인 50 BTC와 1,400 ETH를 인출하게 되는 것이다.

DEX에서는 유동성 공급자에게 풀에 대한 기여도 증명으로 LP(Liquidity Provider, 유동성 공급자) 토큰을 발행한다. LP 토큰은 크게 세 가지 역할을 한다. 첫 번째는 공급한 유동성에 대한 영수증 역할로 유동성을 인출할 때 풀에 대한 기여도만큼의 권한을 부여해 준다. 두 번째는 풀에서 발생한 수익에 대한 보상 비율을 결정하는 데 사용한다. 세 번째는 LP 토큰 자체가 풀에 대한 기여도이기 때문에 LP 토큰을 스테이킹하여 이자 농사를 지을 수 있다.

유동성 공급에 기여도 개념이 도입됨으로써 AMM에 대한 유동성 공급과 인출에 대한 문제는 해결하였다. 그러나 유동성 풀에 대한 기여도 대로 인출하다 보니 AMM의 특성상 인출 시점에서 가치

[그림 3-4] LP 토큰의 역할과 활용

가 더 낮은 화폐가 더 많이 인출되어, 유동성을 공급할 때 가치보다 인출 시점의 가치가 낮아지는 일이 발생한다. 예를 들어 1BTC가 1,000달러, 1ETH이 100달러일 때 풀에 10BTC과 100ETH을 예치하여 총유동성이 100BTC와 1,000ETH인 풀이 되었다면 기여도는 10%가 된다. 만약 ETH가 200달러가 된 상태에서 유동성을 인출 한다면 각 암호화폐의 수량은 어떻게 되는지 계산해 보자.

[그림 3-5] 계산 결과와 같이 ETH의 가격 변화에 따라 풀 구성은 141BTC과 707ETH으로 변하고 여기서 10%인 14.1BTC과 70.7ETH을 인출하게 된다. 이때 총금액을 달러로 환산하면 28,284달러로 초기 유동성 공급 금액인 20,000달러보다 상승한 것을 확인할 수 있다. 그런데 만약 유동성을 공급하지 않고 암호

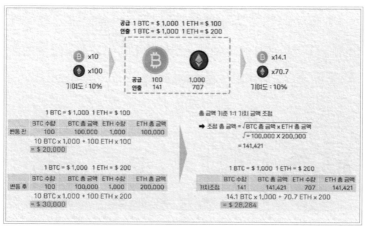

[그림 3-5] 수학적 계산으로 보는 비영구적 손실

화폐 수량을 지갑에 보관하고 있었다면 10BTC과 100ETH이었기 때문에 총 30,000달러의 가치를 가지게 된다. 즉, 그냥 보관하고 있었을 때보다 가격 변동에 의한 수량 변화로 유동성 인출 시 가치가 하락하게 되는 것을 '비영구적 손실Impermanent Loss'이라고 한다. 예시에서는 약 9.5%의 비영구적 손실이 발생한 것이다. 물론 투자 초기보다 암호화폐의 가치가 상승하였기 때문에 손실은 있으나 최종 가치 금액은 상승하여 괜찮다고 생각할 수 있다. 하지만 암호화폐 가격이 하락하여 총공급 가치가 떨어진 경우, 추가로 비영구적 손실까지 얻게 된다. 이런 비영구적 손실을 보완하기 위해 프로젝트별로 운영 방침을 정하고 있다. 유니스왑의 경우 거래 금액의 0.3%를 유동성 공급자에게 나누어 주어 비영구적 손실을 일부 상쇄하는 방법을 사용한다.

그렇다면 비영구적 손실을 최소화하는 방법에는 어떤 것들이 있는지 알아보자. 가장 좋은 방법은 유동성 풀의 구성이 유동성을 공급할 때와 동일한 비율이 되었을 때 인출하는 것이다. 동일한 비율일 경우에는 비영구적 손실이 아예 없다. 두 번째는 유사한 가격 등락 패턴을 보이는 암호화폐나 스테이블코인으로 구성된 풀에 유동성을 공급하는 방법이 있다. 쌍으로 구성된 암호화폐가 유사한 비율로 가격이 변하게 되더라도 유동성 풀의 비율은 유지가 되기 때문에 수량 조정이 최소화될 수 있다.

### [Crypttempo 유튜브] 유동성 공급과 LP 토큰

AMM 시스템에서 유동성 공급이 무엇인지, 유동성 공급자에게 발행하는 LP 토큰은 무엇이고 어떤 역할을 하는지 설명합니다.

### [Crypttempo 유튜브] 비영구적 손실

유동성 공급 후 인출 시 발생하는 비영구적 손실이 어떤 것인지 이것을 보상하기 위해 각 DEX들은 어떤 노력을 하고 있는지 설명합니다.

# DEX
# 애그리게이터

애그리게이터Aggregator의 사전적인 의미는 '여러 온라인 소스에서 특정 유형의 정보를 취합하는 웹 사이트 또는 컴퓨터 소프트웨어' 이다. DEX 애그리게이터는 말 그대로 개발된 다양한 DEX 거래소 의 정보를 수집하여 사용자가 원하는 최적의 거래를 할 수 있도록 도와주는 기능을 가진 dApp이다.

AMM 방식을 사용한 유니스왑의 출현 이후 스시스왑, 커브, 밸 런서 등 여러 DEX들이 이더리움 블록체인을 기반으로 출범하였 다. 이후 BNB체인, 폴리곤, 클레이튼과 같은 다양한 블록체인에서 도 DEX들이 출시되며 다양한 유동성을 제공하게 되었다. DEX들 이 활성화되면서 각 DEX별 유동성 크기와 종류, 교환 비율 등은 전부 다르고 특정 암호화폐의 경우 유동성 풀이 없는 DEX도 있어 사용자들이 일일이 DEX들을 방문하여 비교, 계산해야 하는 일이 생기기 시작했다. 그러나 거래량과 유동성 크기에 따라 변하는 슬리피지와 거래에 대한 가스비, 암호화폐 자체의 가격 변동에 의한 교환 비율의 변화를 거래 시점에 계산하여 적절하게 거래하기는 거의 불가능한 일이다.

이런 어려움과 손해를 해결하기 위해 개발된 것이 '1inch(1인 치)', 'Matcha(마차)' 등의 DEX 애그리게이터다. DEX 애그리게이터는 다양한 DEX의 유동성 풀 정보를 수집하여 제공되는데, 그중 가격, 슬리피지, 가스비를 고려하여 최적의 거래를 할 수 있도록 DEX별로 거래 수량을 자동으로 분배하여 거래를 진행한다.

---

[Crypttempo 유튜브] **DEX 애그리게이터**
다양한 DEX의 정보를 수집하여 가격과 슬리피지를 최적화하여 거래할 수 있도록 도와주는 DEX 애그리게이터에 대해 설명합니다.

---

# 유니스왑
# 사용하기

유니스왑Uniswap(https://app.uniswap.org)은 2018년 11월 오픈한 탈중앙화 거래소이다. AMM 방식을 처음으로 고안하여 적용한 최초의 프로젝트로 TVL(예치된 자산 총가치, Total Value Locked)이 가장 큰 DEX 중 하나이다. 2023년 현재는 V3 버전까지 출시되었으며, V2 버전과 V3 버전에 유동성 공급이 가능한데 V2 유동성 공급은 이더리움 네트워크만 지원한다.

초창기 V1을 출시할 때는 모든 유동성 풀을 ETH과 ERC-20을 쌍으로 구성하여 거래하였다. 따라서 ERC-20 규격의 토큰을 다른 ERC-20으로 교환하기 위해서는 두 번의 거래를 진행해야 하는 불편함이 있었다. 이것을 개선한 것이 V2 버전으로 ERC-20 규격의 토큰과 다른 ERC-20으로 직접 유동성 풀을 만들 수 있게 되어 한 번에 교환이 가능해졌다. 또한 이를 위해 기존 V1에서는 ETH을 사용하였지만, V2에서는 ETH을 ERC-20 규격으로 만든 WETH★가 사용되었다. V3에서는 '집중화된 유동성'이라는 개념을 도입하여 유동성을 공급하는 사람이 가격의 범위를 정해서 해당 범위에서만 공급되도록 하고, 대신 이에 따라 더 큰 수수료를 얻을 수 있도록 하였다. 또, V2까지는 거래 수수료가 0.3%로 고정이었다면 V3에서는 0.01%, 0.05%, 0.3%, 1% 등 네 가지 수수료에서 유동성 공급자가 선택할 수 있도록 했다. 여기서는 아비트럼 네트워크에서 유니스왑을 사용하여 토큰을 교환하는 방법과 V3 유동성을 공급하는 방법에 관해 설명하려고 한다.

---

★ WETH(Wrapped ETH): 스마트 컨트랙트를 활용하여 만들어지는 대표적인 것이 바로 토큰이다. 이더리움에서는 토큰들이 서로 같은 작동법을 갖도록 'ERC-20'이라는 규격을 채택함으로써 더욱 다양한 토큰들이 등장할 수 있는 환경을 제공했다. 그러나 이더리움의 기초 통화인 ETH는 ERC-20 규격으로 작동되는 토큰이 아니기에 디파이를 비롯한 많은 dApp에서 동일한 형태로써 다룰 수 없고 별도의 코드를 구성할 수 밖에 없었다.
모든 dApp이 이러한 복잡성을 지니는 것보다 ETH 자체를 ERC-20 규격에 맞도록 변형하고자 하는 노력으로 WETH라는 것이 등장하게 되었다. 이 WETH의 등장으로 많은 dApp들이 ETH도 다른 수많은 토큰처럼 편하게 다룰 수 있게 되었다. 실제 대부분의 디파이 프로토콜에서 ETH로 활동을 하게 되면 내부적으로는 프로토콜이 ETH을 Wrapping하여 WETH로 먼저 변환한 뒤에 스왑이나 예치 등을 진행하게 된다.
Wrapping의 개념은 WETH 외에 타 네트워크의 자산을 이더리움에 가져오는 경우에도 많이 사용된다. 주로 어떤 특정 집단이 다른 네트워크의 자산을 묶어두고, 이더리움에서 ERC-20 형태의 Wrapped 토큰을 발행하는 형태이며, WBTC가 대표적이다.

# 1. 토큰 교환하기

유니스왑에 접속하면 직관적인 메인 화면이 출력된다. 먼저 사용할 블록체인 네트워크를 선택하고 지갑을 연결해야 한다. 현재 유니스왑은 이더리움, 폴리곤, 옵티미즘, 아비트럼, 셀로, BNB chain을 지원한다. 여기서는 아비트럼 네트워크에서 USDC를 DAI로 교환해보자. 먼저 우측에 네트워크 선택 버튼을 클릭하여 아비트럼 네트워크를 선택하고 'Connect' 버튼이나 '지갑 연결' 버튼을 클릭한다. 지갑 선택 창이 호출되면 메타마스크를 클릭하여 유니스왑에 연결한다.

지갑이 연결되면 교환에 사용할 토큰을 선택한 후 수량을 입력하고, 아래 받을 토큰을 선택하면 받는 수량이 자동으로 계산된다. 이때 최대 슬리피지 허용 오차는 기본적으로 '자동'으로 설정되어

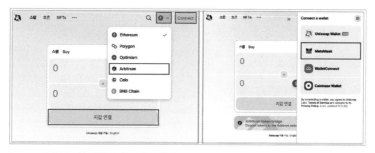

[그림 3-6] 유니스왑 사용하기 _ 지갑 연결

[그림 3-7] **유니스왑 사용하기 _ 암호화폐 교환하기**

있다. 이것은 스왑 화면 상단에 톱니바퀴 모양 아이콘을 클릭하면 호출되는 화면에서 '사용자 정의'를 선택하여 수동으로 입력할 수 있다. 이때 허용 오차를 너무 작게 입력하면 거래가 실패할 확률이 늘어난다. 하지만 불필요하게 큰 수치를 입력하면 예상치 못한 큰 슬리피지를 입을 수도 있으니 초보자라면 기본값을 이용하자. 설정을 마치고 하단에 'Approve use of USDC'를 클릭하여 유니스왑에서 USDC 사용을 승인한다. 승인을 마치면 '스왑' 버튼이 활성화되는데, 버튼을 클릭하면 'Review Swap' 창에서 거래를 요약하여 보여준다. 하단에 '스왑' 버튼을 클릭하면 최종 트랜잭션이 실행되고 성공하면 토큰 교환이 완료된다.

## 2. V3 유동성 공급하기

V3의 유동성 공급은 V2와는 다르게 집중화된 유동성 공급을 할 수 있고 거래에 따른 수수료율을 공급자가 결정할 수 있다. 초기 화면에서 풀 메뉴를 클릭한 후 유동성 공급 화면 우측 상단에 '새로운 위치' 메뉴를 클릭하면 유동성을 추가하는 화면으로 이동한다. 화면이 전체 화면이 아닌 경우, 상단 메뉴 '더보기'를 클릭하거나 화면 하단에 'Pools' 버튼이 위치할 수도 있다.

유니스왑에서 유동성은 두 종류의 토큰을 가치가 1:1이 되도록 공급하는데, 여기서는 USDC와 DAI를 공급하려고 한다. 'Select Pair' 메뉴에서 공급할 토큰 두 종류를 선택하고 바로 아래 수수료 메뉴에서 보상으로 받을 수수료를 선택한다. V2에서는 수수료율이 0.3% 한가지 뿐이었지만, V3에서는 0.01%, 0.05%, 0.3%, 1%

[그림 3-8] 유니스왑 사용하기 _ 유동성 공급 메뉴

중에서 선택할 수 있다. 또 V3에서는 '집중화된 유동성'의 개념이 추가되면서 내가 공급하는 유동성이 사용될 범위를 정할 수 있다. V2에서는 한 토큰 수량을 입력하면 현재 가격으로 동일한 가치를 가지도록 계산하여 자동으로 다른 토큰의 수량이 입력되었다.

반면 V3에서는 설정하는 가격 범위에 따라 공급하는 토큰의 구성비가 달라지며, 그 구성비에 따라 다른 토큰의 수량이 계산되어 입력된다. 우측에 '가격 범위 설정'에서 최소 가격과 최고 가격 범위를 두 토큰의 가격 비율로 설정할 수 있다. 그 아래 'Full Range' 버튼을 클릭하면 모든 범위에서 유동성을 사용하도록 하여 V2 버전과 동일하게 공급할 수도 있다. 범위를 설정하면 설정된 범위 내에서 거래가 일어나는 경우는 추가 수수료 수입을 분배받게 되고, 범위를 벗어난 경우의 거래에 대한 수수료는 받을 수 없게 된다. 여

[그림 3-9] 유니스왑 사용하기 _ 유동성 공급 설정하기

기서는 유동성을 공급하려는 토큰이 스테이블코인이기 때문에 가격 비율 변화가 작다고 판단되어 '집중화된 유동성'으로 공급한다.

추가하려는 유동성의 구성을 끝내고 'USDC 승인', 'DAI 승인' 버튼을 클릭하여 각 토큰을 유동성 공급에 사용하는 것을 승인한다. 승인이 완료되면 활성화되는 'Preview' 버튼을 클릭하면 유동성 추가 창이 팝업되며, 공급하려는 유동성에 대한 설정값을 확인할 수 있다. 하단에 '추가' 버튼을 클릭하여 트랜잭션을 실행하고, 트랜잭션이 성공하면 유동성 공급이 완료된다.

공급된 유동성은 유동성 풀 메뉴 초기 화면에서 '내 포지션'으로 추가되며, 클릭하면 상세 내용을 알 수 있다. V2에서는 공급된 유동성 확인을 위해 LP 토큰을 발행하였지만, V3에서는 좌측 상단에 NFT 형식으로 영수증이 발행된다. 우측에는 공급된 총유동

[그림 3-10] 유니스왑 사용하기 _ 공급된 유동성 확인하기

성과 적립되는 거래 수수료, 하단에는 유동성 공급 시 설정한 가격 범위를 확인할 수 있다.

## 3. 수수료 징수 및 유동성 제거하기

'내 포지션' 상세 우측 중앙에 '수수료 징수' 버튼을 클릭하면, 유동성 공급 이후 지금까지 찾아가지 않은 거래 수수료 적립분을 인출할 수 있다. 버튼을 클릭하면 '청구 수수료' 창이 팝업되며 지금까지 적립된 찾아가지 않은 수수료를 확인할 수 있다. 또한 하단에

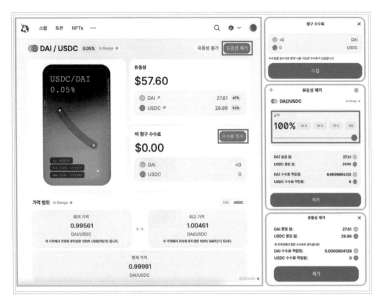

[그림 3-11] 유니스왑 사용하기 _ 유동성 제거하기

디파이 사용설명서

'수집' 버튼을 클릭하면 해당 수수료가 인출된다.

공급한 유동성을 제거하기 위해서는 우측 상단에 '유동성 제거' 버튼을 클릭하면 된다. 팝업된 '유동성 제거' 창에서 제거할 금액을 선택한다. 제거할 금액은 현재 공급된 유동성에서 인출하려는 금액의 비율로 설정할 수 있고, 상단에 설정된 비율을 선택하면 하단에 실제 제거되는 금액이 얼마인지 표시된다. 만약 유동성을 제거하는 시점까지 적립되어있는 거래 수수료가 있다면, 별도의 신청이 없어도 유동성 제거 시 합산하여 제거된다. 하단의 '제거' 버튼을 클릭하면 제거하려는 유동성 정보를 팝업으로 한 번 더 보여준다. 팝업 하단에 '제거' 버튼을 클릭하면 트랜잭션이 실행되고, 성공하면 해당 유동성이 제거된다.

---

[Crypttempo 유튜브] **유니스왑 따라하기**
AMM 방식을 처음으로 적용한 DEX인 유니스왑에서 토큰을 교환하고, 유동성을 공급하고 인출하는 방법을 따라 해보겠습니다.

# 1인치
# 사용하기

1inch(1인치, https://app.1inch.io)는 DEX 사용자가 토큰의 교환을 원할 때 다양한 유동성 풀에서 가격과 슬리피지를 고려하여 최적의 교환을 할 수 있도록 도와주는 DEX 애그리게이터이다. 또 여러 번의 거래를 한 번에 묶어 진행하기 때문에, 각 DEX에서 개별로 거래하는 것보다 가스비도 절약할 수 있다. 이런 최적의 교환 조건을 찾기 위해 1inch는 자체 개발한 패스파인더라는 알고리즘을 사용한다. 1inch는 AMM 방식을 사용하는 Swap, 원하는 가격에 거래하는 Limit, 개인 간 거래를 진행하는 P2P 방식 등 다양한 거래 방식을 제공한다. 이더리움 네트워크상에서는 유동성 공급도 가능하나 여기서는 DEX 애그리게이터로 토큰 교환하는 방법만 설명

하겠다.

## 토큰 교환하기

1inch에 접속하여 상단 메뉴에서 사용할 네트워크를 선택하고 지갑을 연결하면 사용 준비가 끝난다. 여기서는 아비트럼 네트워크에서 ETH을 USDC로 교환해 보도록 하겠다. 교환할 토큰을 선택하는 창 아래 가격을 표시해 준다. 우측에 버튼을 클릭하면 Swap 상세 모드를 확인할 수 있다. 여기서는 가장 기본적인 'Legacy' 모드를 사용하여 교환한다.

일반 DEX와 동일하게 사용할 토큰과 교환 받을 토큰을 선택하고, 교환할 수량을 입력하면 최적의 교환 조건을 찾아서 보여준다.

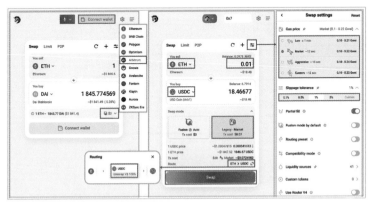

[그림 3-12] 1인치 사용하기 _ 암호화폐 교환 설정하기

토큰 선택 메뉴 상단 우측에 'Swap Setting' 버튼을 클릭하면 가스비, 슬리피지 허용치 등의 기본 설정을 진행할 수 있다. 제일 하단에 'Route' 부분을 클릭하면 해당 토큰의 교환 루트를 확인할 수 있는 창이 팝업된다. 설정한 ETH과 USDC의 교환은 100% 유니스왑 V3 유동성 풀을 이용한다는 것을 확인할 수 있다. 어떤 경우에는 많은 유동성 풀에서 부분적으로 사용하는 조합으로 구성될 수 있으니 교환 시 참고하면 된다.

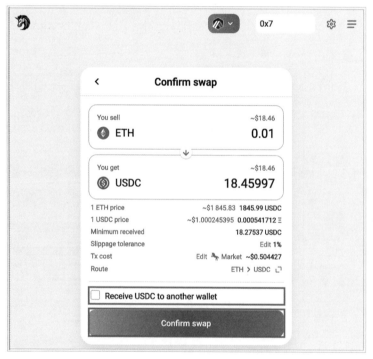

[그림 3-13] 1인치 사용하기 _ 암호화폐 교환하기

디파이 사용설명서

하단의 'Swap'을 클릭하면 'Confirm swap' 창이 호출되며 여기서는 토큰 가격이 실시간으로 반영되기 때문에, 교환비가 바뀌면 'Refresh rate' 버튼을 클릭하여 가격을 재설정해 주어야 한다. 하단에 'Receive USDC to another wallet'을 체크하고 받을 지갑 주소를 넣으면 교환 후 해당 지갑으로 토큰을 전송할 수도 있다. 'Confirm swap' 버튼을 클릭하면 트랜잭션 실행되고 성공하면 토큰 교환이 완료된다. 현재는 가스비 소모 없이 토큰 교환을 지원하는 Fusion swap 모드도 지원하고 사용자의 요구에 따라 다양한 기능들이 추가되고 업데이트 된다. 새롭게 추가되는 다양한 모드나 기능, 사용 방법에 대해서는 각 프로토콜의 디스코드나 트위터 등의 커뮤니티를 이용하면 많은 도움을 받을 수 있으니 적극적으로 활용해 보도록 하자.

---

[Crypttempo 유튜브] **1인치 따라하기**
가장 많이 사용하는 DEX 애그리게이터 중 하나인 1인치에서 토큰 교환하는 것을 따라 해보겠습니다.

---

4장

이자
농사짓기

DeFi

# 수익을 극대화하는
# 이자 농사

디파이에서 이자 농사Yield Farming는 보유한 암호화폐를 다양하게 활용하여 수익을 극대화하는 모든 행위를 말한다. 많은 디파이 프로토콜들이 수익율을 표시할 때 달러 등의 명목화폐 기준으로 보여주지만, 기본적으로 디파이에서의 수익은 투자한 암호화폐의 수량 증가 내지는 추가로 받는 리워드 코인으로 보는 것이 타당하다. 이자 농사를 짓는 동안 수익이 발생하였어도 해당 암호화폐 자체의 가치가 내려간다면, 명목화폐 기준으로는 자산이 줄어들 수도 있다. 반대로 가치가 상승하면 자산이 큰 폭으로 늘어날 수도 있다.

이자 농사를 하려는 사람은 보유한 암호화폐를 예치하거나, 유동성을 공급하여 이자나 수수료 수익으로 투자 원금을 늘려나가거나 리워드 코인을 받을 수 있다. 이때 농사꾼은 수익의 극대화를 위해 여러 디파이 프로토콜을 비교해 보고, 이율이 가장 높거나 많은 리워드 토큰을 주는 프로토콜을 찾게 될 것이다.

전통적인 금융 시장에서는 이자율과 예치 기간을 정하면서 금융 서비스를 시작하기 때문에, 한 번 이용하게 되면 약정된 기간까지 해지 등의 특별한 일이 없는 경우에는 자산을 옮길 일도 없다. 그러나 디파이는 대개 블록 생성 주기에 따라 이율도 변하고, 약정 기간이 없는 경우가 많다. 그래서 보다 더 높은 이율을 지급하는 프로토콜이나 상품이 생기면 예치한 자산을 옮겨 더 높은 수익을 낼 수 있다. 따라서 모든 프로토콜은 각기 최대한의 이익율을 제시하며 무한 경쟁을 하게 된다.

물론 높은 이자 수익을 얻을 수 있다는 것은 그만큼 위험도 따른다는 이야기이기도 하다. 따라서 디파이에 투자하려면 반드시 디파이 프로토콜들이 동작하는 원리와 보상 지급 체계를 이해하여 자신에게 맞는 농사법을 찾아야 할 것이다.

---

[Crypttempo 유튜브] **이자 농사**
디파이에서 보유한 암호화폐로 디파이 프로토콜을 활용하여 수익을 내는 활동인 이자 농사에 관해 설명합니다.

---

# 스테이킹의
# 장점

지분증명 방식의 블록체인 네트워크에 일정 수량 이상의 코인을 예치하고, 블록의 생성, 검증 등의 임무를 수행하는 노드로 참여하여 보상받는 것을 '스테이킹Staking'이라고 한다.

비트코인 네트워크같은 작업증명 방식의 블록체인 네트워크에서는 노드를 운영하여 특정 연산을 수행하여야만 블록을 생성할 수 있는 자격과 보상을 받는다. 반면에 지분증명 네트워크는 코인을 예치하기만 해도 그 자격을 얻고 보상받을 수 있기 때문에 상당히 매력적이다. 이런 스테이킹의 개념은 2012년 첫 지분증명 방식의 블록체인 프로젝트인 피어 코인과 함께 등장하였다. 이후 초기 작업증명 방식을 채택했던 이더리움 네트워크가 지분증명 방식의 이더리움 2.0으로 업데이트하며 지분증명 방식은 더 각광을 받게 되었다.

스테이킹은 블록체인 네트워크에 보유한 암호화폐를 예치하여 비교적 안전하게 시스템이 정해놓은 수량의 보상을 수령, 보유 암호화폐의 수량을 늘릴 수 있는 장점이 있다. 또한 스테이킹한 수량의 암호화폐는 시장에서 유통될 수 없기 때문에 거래되는 물량이 감소하여 암호화폐 가격의 상승 요인이 된다.

그러나 실제로 개인이 이더리움 블록체인 네트워크에서 스테이킹을 하기에는 두 가지 장벽이 있다. 첫 번째는 스테이킹을 하기 위해서는 암호화폐 보유자가 개인 컴퓨터에 노드 프로그램을 설치하고 24시간 돌아가는 블록체인 노드를 운영하여 블록 생성을 검증해야 한다는 것이다. 두 번째는 블록체인 네트워크에서 원하는 최소 수량의 암호화폐를 보유해야 하는데, 그 금액이 적지 않고 한 번 스테이킹 하면 일정 기간 찾을 수 없기 때문에 소유자가 원하는 시기에 코인을 매도하기 어려울 수 있다.

이런 장벽을 극복하기 위해 중앙화된 대형 암호화폐 거래소에서 이를 대신하는 스테이킹 상품을 출시하였다. 그러나 실제 노드 운영과 보상 수익 분배 방식 등이 공개되지 않고 고정 이율을 제시하는 경우가 많기에 스테이킹의 이름을 빌린 자산운용에 가까웠다. 또한 이런 경우 출금 시점을 확정하였기 때문에 코인 매도 시점에 대한 문제는 해결하기 어려웠다. 디파이 생태계에서도 이런 장벽을 극복하기 위해 암호화폐를 위임받아 대신 스테이킹을 진행하고 노드를 운영하여 보상받은 수익을 나눠주는 라이도 파이낸스 LIDO Finance 같은 프로젝트들이 출범했다. 라이도 파이낸스를 사용하여 암호화폐 스테이킹에 참여하면 지분에 따라 스테이킹에 대한 보상을 받을 수 있다. 또 암호화폐를 맡긴 영수증의 개념으로 stETH와 같이 파생 자산인 stAsset을 얻게 되는데 이런 파생 자산은 거래나 담보로 활용 가능하여 직접 스테이킹을 했을 때처럼 매각 시기를 놓치는 위험을 피할 수 있다. 물론 stAsset이 실제 맡긴 암호화폐와 1:1의 가격을 유지한다고 보장할 수는 없지만, 실제 코인들과 교환이 쉬워 급한 상황에서는 유용하게 활용할 수 있다.

# 유동성 채굴과 스테이킹

블록체인에서 채굴은 어떤 행위를 하여 암호화폐를 보상으로 받는 것을 말한다. 결국 유동성 채굴Liquidity Mining이란, 디파이 프로토콜에 유동성을 공급하여 암호화폐를 보상으로 받는 것이다. 디파이 프로토콜들이 잘 운영되기 위해서 가장 먼저 해결해야 하는 것은 유동성과 사용자 확보의 문제이다. 사용자가 없는 프로토콜은 수익을 내기 어렵고, 유동성이 없는 프로토콜은 사용자들이 어떤 형태로든 높은 사용 비용을 부담해야 하기 때문에 사용자들에게 외면받게 된다.

결국 디파이 프로토콜이 성공적으로 정착하기 위해서는 초기에 많은 유동성과 사용자를 확보해야 했기에 유동성 공급자와 프로토콜 사용자에게 적절한 보상이 필요했다. 디파이 랜딩 프로토콜인 컴파운드 파이낸스는 프로젝트 추가 보상을 위해 투표권을 갖는 자체 토큰인 COMP를 발행하여 지급하면서 더 많은 유동성 공급자와 사용자를 확보할 수 있었다. 이후 많은 디파이 프로토콜들이 자체 발행 코인을 보상으로 제공하면서 유동성 채굴은 보편적인 보상 체계로 자리 잡았다.

AMM의 등장으로 활발하게 등장한 DEX들의 경우는 유동성 공급자의 측면에서는 비영구적 손실이, 거래자에게는 슬리피지라는 추가 비용이 발생한다. 사실 슬리피지의 경우는 충분히 많은 유동성만 확보한다면 충분히 작아질 수 있다. 따라서 DEX에서는 유동성 공급자가 겪는 비영구적 손실을 보상하여 안정적으로 큰 유동성을 확보하는 것에 집중하였다. 기본적으로는 유동성을 공급한 사람들에게 거래자가 지불하는 수수료 수익의 일부를 분배하였다.

그러나 이런 수수료 수익이 비영구적 손실보다 적다고 판단되면, 쉽게 유동성을 회수할 수 있었기 때문에 보다 정교한 보상 체계가 필요하였다. 지분증명 방식의 블록체인에서 안정적인 운영을 위해 메인넷에서 스테이킹 방식을 사용했던 것처럼, 안정적인 유동성을 확보하기 위해 유동성 공급자에게 발행하는 LP 토큰을 프로토콜에 예치하는 사람에게 수수료 수익 배분 외에 자체 발행 토큰을 제공하여 추가 수익을 낼 수 있도록 하였다.

차이는 있지만 디파이 프로토콜에 특정한 토큰이나 LP 토큰을 예치하는 대가로 추가 수익을 부여함으로써, 프로토콜의 안정적인 운영에 도움을 주는 것이므로 넓은 의미로 이것도 '스테이킹'이라고 부른다. 만약 자체 코인 발행이 계속되어 시장에 유통되는 수량이 많아지면 코인의 가격은 하락하게 될 것이고, 유동성 공급자의 수익은 줄어들게 되어 유동성을 회수할 확률이 커지게 된다. 따라서 자체 발행 토큰의 급격한 가격 하락을 방지하기 위해 여러 프로토콜들은 발행한 토큰을 다시 스테이킹하면서 장기간 인출할 수 없도록 기간을 설정하는 락업lock-up을 진행해야 추가 수익이 나는 방법을 고안하기도 했다.

비영구적 손실을 최소화하기 위해 가치가 고정된 스테이블코인 간의 교환에 특화된 커브 파이낸스Curve Finance는 유동성을 제공한 사람들에게 자체 토큰인 CRV를 보상하도록 유동성 채굴 모델을 설계하였다. 커프 파이낸스 역시 유동성 채굴 모델을 적용한 다른 디파이 프로토콜처럼 자체 발행 토큰의 유통량으로 인한 가격 급락의 문제를 해결해야 했다. 그래서 커브 파이낸스는 CRV 토큰을 스테이킹하면 커브 파이낸스 운영에 대한 투표권을 행사할 수 있는 거버넌스 토큰인 veCRVVote-escrowed CRV를 발급하였고, 거래 수수료의 50%를 추가로 분배받도록 하였다. CRV를 스테이킹할 때 최장 4년까지 락업 기간을 정하게 되는데, 기간이 길수록 받는 veCRV의 양이 많도록 설정하여 장기간 예치를 유도하였다. 추가로 투표권을 가진 사람들은 각각의 유동성 풀에 투표하여 최대 2.5 배까지 추가 CRV를 받을 수 있어 투표 경쟁에 참여하도록 유도하였다.

얼핏 보면, 투표를 통해 더 많은 CRV 토큰을 얻을 수 있어서 투자자들이 더 많은 투표권을 얻기 위해 더 많은 CRV 토큰을 프로토콜에 스테이킹할 것처럼 보인다. 이렇게 되면 프로토콜이 흡수한 CRV 토큰 수량으로 인해 시장 유통량이 줄어들어 토큰 가격이 오를 것으로 예상되었다. 그러나 예상과 다르게 토큰 가격이 초창기에는 7달러였으나 0.3달러까지 하락하는 일이 발생하였다. CRV 토큰을 스테이킹하여 투표권을 얻기 위해서는 긴 기간 동안 락업을 해야 했기 때문이다. 하루가 다르게 변화하는 디파이 시장에서 사용자들은 오랜 기간 자산이 묶이는 것을 선호하지 않았다. 이런 이유로 사용자들이 보상으로 받은 CRV 토큰을 시장에 팔게 되었고, 이것이 토큰 가격 하락의 원인이 된 것이다. 락업 기간의 문제를 제외하면 CRV를 많이 소유하여 많은 투표권을 획득하는 것이 커브 파이낸스 거래 수익을 많이 분배받고 추가로 더 많은 CRV를 얻는 방법임은 분명했다. 이런 이유로 특정 디파이 프로토콜에서는 더 많은 CRV 토큰을 모아 더 큰 수익을 내려고 시도하게 되는

데 이때 등장한 것이 바로 컨벡스 파이낸스CONVEX Finance이다.

컨벡스 파이낸스는 사용자들에게 CRV를 받고 cvxCRV 토큰을 발행하여 주고, 사용자들을 대신하여 CRV를 커브 파이낸스에 스테이킹한다. 이렇게 되면 CRV를 컨벡스 파이낸스에 맡긴 사용자들은 장기간 CRV 토큰이 커브 파이낸스에 묶이지 않고도 동일한 효과를 얻을 수 있게 된다. 또한 CRV를 맡기고 받은 cvxCRV를 컨벡스 파이낸스에 스테이킹하면 CRV, 3CRV, CVX 토큰을 보상으로 받아 추가 수익을 올릴 수 있게 하였다. 이런 보상 체계를 힘입어 컨벡스 파이낸스는 출시하자마자 가장 많은 CRV 토큰을 보유한 프로토콜이 되었고 이를 현재까지 유지하고 있다.

유동성 채굴 모델은 유동성을 공급하고 추가 코인을 보상으로 받는다는 분명한 장점이 있다. 그러나 사용자에게 보상을 지급하기 위해서는 자체 토큰을 계속 발행해야 하고 유통되는 토큰의 높은 인플레이션으로 결국 가격이 급락하는 부작용이 발생한다. 특히 유동성 채굴 모델을 활용하였음에도 초기에 많은 유동성과 사용자를 확보하지 못하는 경우, 자체 토큰의 가격은 더욱 급락하여 장기적인 수익 모델이 되지 못한다.

이런 문제를 해결하기 위해 자체 발행 토큰의 스테이킹과 락업을 유도하거나, 시점별로 자체 토큰 보상을 줄여나가기도 했다. 또한 일정 시점에서 토큰 보상을 중지하는 프로젝트도 생기게 되었다. 그러나 유동성 채굴은 초기 사용자를 확보할 수 있는 가장 확실한 방법이고, 사용자에게는 가장 분명한 보상이기 때문에 여전히 많은 신규 프로젝트들이 유동성 채굴 모델을 다양하게 활용하고 있다.

# 일드파밍
# 애그리게이터

우리가 은행에서 정기 예금을 들 때도 여러 은행의 예금 금리를 보며 어느 곳에 예금할지를 결정하듯이, 디파이에서도 더 높은 수익을 내기 위해서는 반드시 여러 플랫폼을 비교해 살펴봐야 한다. 하지만 몇 개의 시중 은행으로 이루어진 일반 은행과는 달리, 디파이는 국경도 없을 뿐만 아니라, 하루가 멀다하고 신규 프로젝트들이 쏟아져 나오기 때문에 전 세계의 무수히 많은 프로젝트를 비교해 봐야 한다.

또, 금융과는 달리 규제도 약하거나 없는 경우가 많아 단순히 예상 수익률만 따져서는 안 되고, 프로토콜 자체가 믿을만하며 안전한 곳인지, 해킹의 우려 등은 없는지 등 다양한 사항을 고려해야만 한다. 따라서 일반인이 이러한 신규 프로젝트 발굴, 비교, 검증 작업을 충분히 하는 것은 어려운 일일 수 있다.

또한 디파이를 통해 수익을 올릴 충분한 정보를 확보했다고 하더라도, 블록체인과 스마트 컨트랙트의 속성상 모든 트랜잭션을 수행하는 데에는 가스비가 소요된다. 그렇기 때문에 충분히 큰 금액을 운용하지 않는 이상 자주 이자를 인출하거나, 높은 이자를 위해 이용 플랫폼을 옮기거나, 레버리지를 이용한 투자를 수행하는 것이 오히려 수익성을 저해할 수도 있다.

2019년에서 2020년까지 이자 농사를 통한 높은 수익으로 디파이가 폭발적으로 성장하는 '디파이 썸머'를 맞이했고, 많은 프로젝트가 다양한 수익 모델을 가지고 론칭하였기에 수익을 극대화하기 위해 복잡한 투자 전략들이 필요해졌다. 이러한 이자 농사의 문제점들을 해결하기 위해 여럿이 모여서 함께 이자 농사를 하려는 움직임이 나타났다. 2019년도부터 등장하기 시작한 이러한 서비스들을 '일드파밍 애그리게이터Yield Farming Aggregator'라고 한다.

하베스트Harvest (구 Harvest Finance), 연 파이낸스Yearn Finance 등이 대표적인 일드파밍 애그리게이터이다. 이들의 등장은 다양한 DEX를 비교하여 슬리피지와 가스비를 최소화하는 거래를 위한 DEX 애그리게이터들의 출연과 같은 맥락인 셈이다. 일드파밍 애그리게이터는 다양한 일드파밍 서비스에 대해 사용자를 대신하여 전략적인 기회를 발굴하여 이자 농사를 짓고, 이에 수수료를 제외한 수익을 나누어 주는 서비스라고 할 수 있다.

물론 개인이 직접 이자 농사를 짓는 것이 더 큰 수익이 날 수도 있겠지만, 일드파밍 애그리게이터를 활용함으로 얻는 장점이 있다. 가장 큰 장점은 이자 농사에 투자하는 시간을 아끼면서 적절하고 안정적인 수익을 낼 수 있다는 것이다. 디파이 투자를 통해 높은 수익을 내기 위해서는 각 디파이 서비스의 특징과 수익을 내는 방법, 투자 위험에 대한 정확한 이해가 필요하다. 또한 더 높은 수익을 제공하는 곳을 찾아 자산을 옮기기도 해야 한다. 이때 사기나 해킹의 위험에 노출될 수도 있고, 잘못된 판단으로 큰 손해가 날 수도 있다. 그러나 각 분야의 전문가들이 프로토콜에 대한 분석을 진행하고 안전성을 따져 투자하는 일드파밍 에그리게이터를 활용하면, 위험한 프로젝트는 사전에 걸러지고 자산에 대한 큰 손실이 발생할 확률이 줄어들게 된다.

두 번째는 서비스 사용에 따른 추가 보상 수익을 낼 수 있다는 것이다. 투자는 규모가 크면 클수록 많은 이익을 얻게 된다. DEX가 유동성 확보를 위해 자체 코인을 만들어 보상한 것처럼 일드파밍 애그리게이터도 투자금 유치를 위해 자체 코인을 만들어 보상한다. 하베스트의 팜FARM 토큰이 대표적인 예라고 할 수 있다. 또한 일드파밍 애그리게이터들이 보유한 자산이 늘어나면서 디파이 프로젝트들이 이 자산이 자신들의 프로토콜에 사용되는 것을 기대하며 코인을 추가로 제공하기도 하여, 기존 보상에 추가 코인 수익도 낼 수 있게 되었다.

마지막으로 가스비 절감이다. DEX 애그리게이터에서도 설명하였지만, 디파이 거래에 있어서 가스비는 큰 비중을 차지한다. 복합적인 전략으로 이자 농사를 수행하기 위해 많은 트랜잭션이 사용되기 때문이다. 가스비는 트랜잭션별로 부과되기 때문에 심한 경우 몇 달 동안 고생한 이자 농사의 수익을 대부분 가스비로 지출해야 할 정도가 되기도 한다. 이 때문에 수많은 노력과 시간을 투자했음에도 결과적으로는 아주 낮은 수익을 내기도 한다.

그러나 일드파밍 애그리게이터는 많은 사람의 자산을 모아 한 번의 트랜잭션으로 모든 자산을 움직여, 한 거래당 내가 부담해야 하는 가스비는 무시할 수 있는 정도까지 줄어들 수 있다. 즉, 서비스를 이용하는 수수료로 전체 수익률은 줄었지만, 가스비 부담이 획기적으로 줄어들어 개인이 했을 때의 수익과 크게 다르지 않을 수 있게 된다는 것이다.

---

[Crypttempo 유튜브] **일드파밍 애그리게이터**
사용자를 대신하여 전략적으로 이자 농사를 짓고 이에 해당하는 이자를 나누어 주는 일드파밍 애그리게이터에 대해 설명합니다.

---

# 하베스트
# 사용하기

하베스트Harvest(https://app.harvest.finance)는 여러 디파이 프로젝트에 이자 농사짓는 것을 도와주는 일드파밍 애그리게이터다. 하베스트는 투자처를 발굴하고 안정성을 검토하여 디파이 사용자들의 선택을 돕는다. 또 투자 후 주기적으로 리워드를 수확하고 재투자하는 행위를 대신하여 가스비를 절약하고 복리 혜택은 얻을 수 있게 해준다.

이더리움 네트워크를 기반으로 시작해 현재는 폴리곤 네트워크, 아비트럼 네트워크 등을 지원한다. 사용자의 자산을 모아 투자를 진행하는 일드파밍 애그리게이터이기 때문에, 하베스트의 이용 방법은 하베스트가 투자하는 프로토콜에 영향을 받아 형태가 다양

하다. 따라서 정확한 사용법은 하베스트 공식 디스코드나 카카오
톡 단체 대화방 같은 커뮤니티에서 도움을 받는 것을 추천한다. 여
기서는 하베스트에서 제공하는 가장 기본이 되는 한 종류의 토큰
을 스테이킹하는 서비스를 통해 토큰을 예치하고 인출하는 기본적
인 방법에 대해 알아보자.

## 1. 토큰 스테이킹하기

하베스트 사이트 좌측 상단의 'Connect Wallet' 버튼을 클릭하자.
지갑 연결 창이 호출되면 연결 가능한 지갑을 선택하는데, 여기서
는 이더리움 네트워크에서 USDC를 Single Staking 할 것이기 때

[그림 4-1] 하베스트 _ 지갑 연결하기

디파이 사용설명서

문에 메타마스크를 이더리움 네트워크로 설정하여 연결한다. 메인 화면 좌측 하단에 공식 커뮤니티로 이동하는 버튼이 배열되어 프로토콜 소식이나 사용에 대한 지원을 받을 수 있다.

페이지에서 다양한 유동성 풀 리스트 중 USDC 풀을 클릭하여 해당 풀을 사용할 수 있는 화면으로 이동한다. 예치를 위해 화면 우측에서 'Deposit' 탭을 선택하고 하단에서 예치할 토큰인 USDC를 선택하고 수량을 입력한다. 토큰 선택 메뉴를 클릭하면 'Supported Tokens' 아래 다양한 토큰을 선택할 수 있다. USDC를 제외한 다른 토큰 선택 시 사용자를 대신하여 프로토콜에서 해당 가치만큼의 USDC로 교환하여 예치해준다. 그러나 DEX를 사용하여 교환하기 때문에 슬리피지가 발생한다는 것은 알아야 한다.

[그림 4-2] **하베스트 _ USDC 예치하기**

'Deposit' 버튼을 클릭하면 풀 예치 프로세스가 시작된다. 예치 후 발행되는 영수증 토큰 정보를 확인하고 'Continue Deposit' 버튼을 클릭하면 USDC 사용 승인과 Deposit을 진행하게 된다. 차례대로 진행하고 나서 첫 화면으로 돌아오면 입금 영수증 격 토큰인 fUSDC의 수량을 확인할 수 있다. 하단에 스테이킹할 fUSDC 토큰 수량을 입력하거나, 'Max' 버튼을 클릭하여 입력한 후 우측 'Stake' 버튼을 클릭하여 트랜잭션을 실행한다. 트랜잭션이 성공하면 해당 수량이 스테이킹된 것을 확인할 수 있으며, 하단 'Rewards'에서 적립되는 보상을 확인할 수 있다.

대개의 일드파밍 애그리게이터들은 원래의 토큰을 입금하면 영수증을 발행하여 입금자에게 돌려주는데, 하베스트의 경우는 fAsset이라는 원래 토큰 이름에 f가 붙은 토큰으로 되돌려주게 된

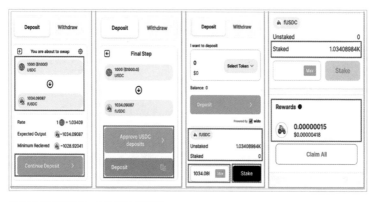

[그림 4-3] 하베스트 _ 스테이킹 진행하기

다. 이 fAsset은 하베스트에 원래 토큰을 입금하였기 때문에 원금이 늘어나는 이자는 복리로 불어나게 되지만, 추가로 지급되는 리워드는 수령 받을 수 없는 상태이다. 추가 리워드까지 수령 받기 위해서는 스테이킹 과정이 필요한데, 이는 내 지갑에 있는 토큰을 하베스트의 지갑에 맡기고 그에 대한 대가로 리워드를 받는 과정이라고 이해하면 간편하다.

---

**Q: 하베스트에 입금한 fAsset 수량이 늘지 않는데 어떻게 이자가 복리로 붙을까?**

**A:** 원래의 토큰인 Asset과 입금 영수증인 fAsset은 서로 간에 교환 비율이 있다. 하베스트가 사용자를 대신해 투자를 진행함에 따라 생기는 이자분이 계속해서 늘어남에 따라 fAsset의 가치(가격)가 상승하게 된다. 따라서 처음에 1:1로 시작한 Asset과 fAsset의 교환 비율이 시간이 지남에 따라 점차 달라져서 1:1.1과 같은 형태로 fAsset의 가격이 상승하게 되는 구조이다. 따라서 fAsset을 보유하고만 있어도 Asset이 복리로 늘어나는 효과를 누릴 수 있게 되는 것이다.

## 2. 토큰 언스테이킹 및 인출하기

토큰 스테이킹의 보상으로 쌓인 리워드 토큰은 'Rewards' 창 하단의 'Claim All' 버튼을 클릭하여 간단하게 찾을 수 있다. 별도로 리워드를 찾지 않더라도 토큰을 언스테이킹하는 경우 자동으로 같이 인출된다. 토큰을 언스테이킹하고 인출하기 위해서는 'Withdraw' 탭을 선택한다. USDC 토큰을 스테이킹하기 위해 먼저 예치하고 fUSDC 토큰을 받아 이것을 스테이킹했다. 토큰을 인출하기 위해서는 스테이킹의 역순으로 먼저 스테이킹 된 fUSDC 토큰을 언스테이킹하여 하베스트의 지갑에서 내 지갑으로 가져오고, 이것을 다시 'Withdraw' 하여 USDC 토큰으로 인출하여야 한다.

'Staked' 아래 인출할 토큰 수량을 입력하거나 우측 숫자를 클릭하여 선택하고 'Unstake' 버튼을 클릭하면 트랜잭션이 실행된다. 트랜잭션이 성공하면 언스테이킹이 완료되고 fUSDC 토큰 수량이 'Unstaked'로 이동한 것을 확인할 수 있다. 또 언스테이킹을 진행하며 자동으로 리워드도 인출된 것을 알 수 있다.

예치된 토큰 인출을 위해 'Unstaked' 하단에 인출할 fUSDC 토큰 수량을 입력하거나, 우측의 숫자를 클릭하고 토큰 선택 메뉴에서 USDC를 선택한다. 예치할 때와 마찬가지로 다른 토큰으로 인출할 수도 있으나 역시 DEX를 통한 교환으로 슬리피지 손해가 있

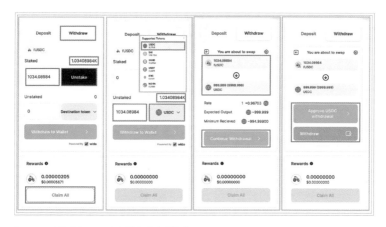

[그림 4-4] 하베스트 _ 토큰 언스테이킹하기

을 수 있다.

설정을 마치고 'Withdraw to Wallet' 버튼을 클릭하면, 입력한 수량의 fUSDC 토큰으로 인출되는 수량을 확인할 수 있다. 'Continue Withdrawal'을 클릭하면 예치할 때와 마찬가지로 USDC 토큰 사용 승인과 인출을 진행할 수 있다. 차례대로 진행하여 최종 'Withdraw' 버튼을 클릭하면 인출에 대한 트랜잭션이 실행되고, 트랜잭션이 성공하면 인출이 완료된다.

---

[Crypttempo 유튜브] **하베스트 따라하기**
일드파밍 애그리게이터인 하베스트에서 가장 기본적인 서비스인 싱글 토큰 스테이킹과 인출하는 것을 따라 해보겠습니다.

---

## 1. 투표권을 갖는 거버넌스 토큰

프로토콜 사용 활성화의 목적으로 컴파운드 파이낸스에서 예금자와 대출자에게 분배한 자체 토큰인 COMP 토큰에는 보상 수익의 리워드 기능 외에 투표권도 가지고 있었다. 디파이 프로토콜이 탈중앙성을 유지하기 위해 자유롭게 운영에 대한 논의 사항을 제안하고, 투표를 통해 의사 결정하여 조직을 운영하는데 토큰을 보유한 만큼의 표를 행사할 수 있게 했다. 이런 제안이나 투표에 대한 권한을 부여한 토큰을 '거버넌스 토큰'이라고 한다.

초기 거버넌스 토큰은 프로토콜을 운영하거나 직접 개발에 참여한 구성원들에게 기여도에 따라 분배했다. 그러나 COMP 토큰처럼 리워드나 에어드랍의 형식으로 거버넌스 토큰을 분배받기 시작하면서 프로젝트의 개발, 성장, 유동성 공급, 프로토콜의 사용에 참여한 모두가 기여도에 따라 운영에 참여할 수 있게 되었다. 결과적으로 디파이 시장은 탈중앙성을 더 확고하게 확보할 수 있었다.

현재 거버넌스 코인은 대부분의 디파이 프로젝트를 운영하는데 다양한 방법으로 활용되며 활발하게 확대, 성장하고 있다. 한편, 거버넌스 토큰에 의해 디파이 운영이 결정되고 토큰의 상장이나 더 많은 보상의 수령 등이 결정되기에 거버넌스 코인이 또 다른 중앙집권형 권력이 되는 것이 아니냐는 우려의 목소리도 나오고 있다.

그러나 많은 거버넌스 토큰을 얻기 위해서는 그만큼 많은 투자와 참여를 통해 기여도를 높여야 한다. 또한 많은 거버넌스 토큰을 사용하여 큰 이익을 얻을 수도 있지만, 해당 디파이 프로토콜이 가지고 있는 위험도 동시에 감수해야 한다. 따라서, 어떻게 보면 거버넌스 토큰의 활용은 자유로운 자본시장의 논리가 정확하게 반영되는 일이라고도 볼 수 있다.

---

[Crypttempo 유튜브] **거버넌스 토큰**
블록체인 네트워크에서 자유롭게 안건을 제안하고 투표로 의사 결정을 하기 위해 투표권을 부여한 거버넌스 토큰에 관해 설명합니다.

---

## 2. 올림푸스 다오와 디파이 2.0

디파이 프로토콜들은 초기 유동성 확보를 위해 다양한 노력을 하였으며, 그중에서 가장 보편적으로 활용하였던 것이 유동성 채굴 모델이다. 바로 유동성을 공급한 증거로 발급받은 LP 토큰을 시스템에 스테이킹하여 프로토콜에서 자체 발행한 토큰을 보상으로 받는 것이다.

그러나 이 모델은 유동성을 공급하는 사람이 많을수록 개인이 받을 수 있는 보상이 작아지고, 보상으로 받는 토큰 중 시장에 유통되는 물량이 많아지면 토큰 가격이 급락하게 된다. 그래서 유동성 공급자들이 더 많은 수익을 낼 수 있는 프로토콜로 재빠르게 이동해 가는 일이 빈번하게 일어난다. 유동성이 수시로 이동하고 작아지면 프로토콜 서비스 운영이 어려워지기에 더 안정적으로 유동성 공급을 할 수 있는 방법이 필요했다.

올림푸스 다오Olympus DAO는 유동성 공급의 안정화를 위해 프로토콜에서 유동성 풀을 소유하는 방법을 제시하고, 무려 200,000%의 APY를 홍보하며 등장했다. 올림푸스 다오는 LP 토큰을 프로토콜에 예치하는 것이 아닌, 프로토콜에서 LP 토큰을 자체 발행 토큰인 OHM으로 매입하여 공동 금고에 락업하는 방법을 사용하였다.

물론 여기까지만 보면 논리적으로 락업한 유동성을 통해 수수료 수입이 꾸준히 들어올 것이기 때문에 어느 정도의 이자를 제공하는 것은 이해가 된다. 그러나 유동성 풀의 거래 수수료로만 200,000%의 이자를 감당하는 것은 불가능하다. 올림푸스 다오는 높은 이자율을 유지하기 위해 1OHM이 최소 1DAI 이상의 가치를 지지할 것이고, 1DAI 이하의 가치로 떨어지면 다시 1DAI 이상의 가치를 가질 때까지 OHM을 사들인다는 '1달러 지지 통화'라는 개념을 내놓았다.

이 개념을 접목한 올림푸스 다오의 동작 방식을 간단하게 알아보자. 만약 1OHM이 50달러일 때 90달러의 가치를 가진 LP 토큰을 프로토콜에 매각하면, 프로토콜은 100달러의 가치를 가진 2OHM을 5일 뒤에 판매자에게 송금한다. 이렇게 되면 LP 토큰 판매자는 5일 후에 OHM 토큰의 가격이 하락하지 않으면, 10달러의 추가 이익을 얻을 수 있게 된다.

그런데 OHM 토큰은 최소 1달러를 지지하기 때문에 프로토콜은 판매자에게 줄 2OHM 외에 88 OHM 토큰을 추가로 발행한다. 그리고 90%인 79 OHM은 OHM 토큰을 스테이킹한 사람들에게 이자로 주고, 9 OHM은 다오의 금고에 넣었다. 그럼 현재 1OHM의 가치가 50달러이기에 발행된 총 90 OHM은 4,500달러로 LP 토큰 가치의 50배가 되는 것이다. 이렇게 많은 OHM 토큰이 발행되어 시장에 유통되면 OHM의 가격은 하락하게 된다.

토큰 유통량 증가에 의한 OHM 토큰 가격 하락을 방지하기 위해 올림푸스 다오는 게임 이론을 빌려 '3, 3' 캠페인을 진행했다. 바로 OHM 토큰을 사는 사람들과 LP 토큰을 판매하고 OHM 토큰을 받은 사람들이 모두 토큰을 팔지 않고 프로토콜에 스테이킹

| | Stake | Bond | Sell |
|---|---|---|---|
| Stake | (3, 3) | (1, 3) | (-1, 1) |
| Bond | (3, 1) | (1, 1) | (-1, 1) |
| Sell | (1, -1) | (1, -1) | (-3, -3) |

[그림 4-5] 올림푸스 다오의 3.3 캠페인

하게 되면, 시장에서 OHM 토큰 유통량이 줄어 가격이 오르게 되고 토큰 가격이 오르고 높은 이자율을 유지하니, 신규 사용자가 늘어나서 금고에는 더 많은 LP를 보유하게 된다는 것이다. 또 신규로 유입된 LP토큰에 비례하여 새로 발급되는 엄청난 양의 OHM 토큰은 이자로 지급되니, 이자율도 따라서 더 오르게 되는 선순환도 이룰 수 있다는 것이다. 언뜻 보면 논리적으로 맞는 이야기인 것 같으나 결국 자본이 유입되는 속도를 유지할 만큼 매력적이지 않으면 이자율은 하락하게 된다. 이것은 다시 OHM 토큰 판매로 이어져서 토큰 가격이 하락하는 악순환으로 넘어가게 된다. 결국 이 구조는 초기에 투자하여 OHM을 스테이킹한 사람들만 이익을 보는 폰지 구조를 띠고 있다.

올림푸스 다오는 초기 폭발적인 성장을 하였다. OHM 토큰의 가격은 1,400달러까지 오르며 프로토콜이 유동성을 소유하는 개념으로 '디파이 2.0'으로 불리기도 했다. 물론 올림푸스 다오의 금고에는 LP 토큰들이 쌓여 있어 수익을 내고 있다. 또한 올림푸스 프로 등의 상품을 만들어 추가 수익을 올리며 생태계의 확장을 꾀하고는 있다. 그러나 이미 진행된 OHM 토큰의 가격 폭락과 막대한 이익을 얻은 일부 사용자로 인해 올림푸스 다오가 폰지 사기라는 의견이 끊이지 않고 있다.

5장

디파이 리스크
관리하기

DeFi

# 디파이 투자
# 꼼꼼하게 알아보기

모든 투자는 이익이 될지 손해가 될지는 모르지만 동일하게 수익을 내려는 목적으로 한다. 디파이도 이자 농사가 시작되면서 기존 금융권에서 볼 수 없는 수익 모델을 제시하였기 때문에 폭발적으로 성장하였다. 안정적으로 많은 수익을 가져다줄 것이라는 기대와 함께 성장한 디파이지만, 아직 시작한 지 얼마 되지 않은 금융이기 때문에 숨겨져 있는 위험도 있다.

디파이의 성장과 함께 이런 위험을 모른 채 주변에서 들려오는 대박 소식과 솔깃한 수익률에 넘어가서 아무런 사전 지식 없이 투자를 시작하여 큰 손실을 보는 경우도 있다. 투자에서 수익을 내기 위해 투자하려는 프로젝트는 어떤 것인지, 수익을 낼 방법은 무엇인지, 수익에 반대하는 위험 요소는 어떤 것이 있는지를 알고 이해하는 것이 위험을 피할 수 있는 최소한의 노력이다.

주식에 투자한다고 생각해 보자. 내가 사려는 주식을 발행한 회사가 어떤 회사인지, 무엇으로 돈을 얼마나 벌고 있는지, 재무제표상 문제는 없는지, 추가 성장할 수 있는 동력은 있는지를 먼저 확인할 것이다. 그리고 회사의 대표가 주주의 이익을 잘 관리하는지, 도덕적인 문제는 없는지도 확인할 것이다. 한국거래소의 상장 요건을 충족하여 주식시장에 상장된 주식도 이렇게 알아보고 신중하게 투자를 진행한다. 그럼에도 불구하고 외부 요인과 시장의 변동, 경쟁사의 출현 등으로 인해 주식 가치가 하락하여 손해를 보는 경우가 비일비재하다.

탈중앙화를 외치며 등장한 금융 시장인 디파이에서는 중앙집중형 통제 기관이 없기에 자유로운 거래는 보장받지만, 또한 문제가 생겼을 때 책임도 온전히 내가 지게 된다. 따라서 디파이 투자는 더 꼼꼼하게 알아보고 투자를 진행해야 한다. 여기서는 디파이의 대표적인 위험 요소에 대해 알아보고 안전하게 이용하기 위해 알아야 할 것들에 대해 다루도록 하겠다.

# 스캠, 모르면 눈 뜨고
# 코 베이는 사기

스캠Scam의 사전적 의미는 '신용 사기'이다. 스캠이란 이익을 취할 악의적인 목적으로 정확하지 않은 정보 등으로 투자자를 선동하거나 속이는 행위를 통칭한다. 암호화폐 시장에서는 스캠을 '러그풀'이라고도 한다. 러그풀은 원래 양탄자를 잡아당겨 그 위에 있는 사람을 쓰러뜨리는 행위를 뜻하며, 고객의 돈을 횡령하려는 목적으로 진행되는 프로젝트를 가리킨다.

암호화폐 시장에서 스캠은 초기에 ICOInitial Coin Offering(가상화폐 초기 판매)의 형태로 나타났다. ICO는 블록체인 프로젝트들이 각자 만들어갈 블록체인이나 어플리케이션의 초기 아이디어나 활용 방안, 수익 창출 모델 등을 정리한 백서나 영상을 공개하고 홍보하여, 일반인을 대상으로 모금해 코인을 판매하는 과정을 말한다.

물론 모든 ICO가 사기는 아니다. 이더리움 네트워크도 ICO를 통해 초기 개발비를 모금하여 진행되었으며, 이외에도 훌륭한 성과를 이룬 경우가 많다. 그렇지만 ICO를 진행할 때는 주로 개념과 청사진만 존재하고 실체는 아직 없는 상태가 많았다. 이를 악용하여 일부 나쁜 사람들이 모금한 돈을 횡령할 의도로 그럴듯한 백서를 작성하고 높은 보상을 약속하였다. 결국 높은 보상을 바라보고 모인 사람들에게 가치없는 토큰을 판매하여 모은 자금을 가지고 사라지는 일들이 발생하게 되었다.

이런 피해가 늘어나며 투자자들의 반감으로 ICO 진행이 어려워지고, 몇몇 나라에서는 ICO가 금지되자 스캠은 여러 형태로 발전했다. 흔하게는 현재 금융에서도 나타나는 '폰지 사기'의 형태로 초기 예치금을 받아 실제 사이트가 운영되는 것처럼 하여 뒤이어 예치하는 사람의 예치금으로 이자를 나눠주고, 일정 금액 이상이 모이면 도망가는 방법이 사용되었다.

또, 도지코인을 따라한 '진도지 코인'과 오징어 게임의 인기를 이용해 만든 '스퀴드 코인'처럼 다른 유명세에 기대어 자체 토큰을 발행하는 경우도 있다. 이때 상장에 어려움이 없는 DEX의 특성을 활용하여 손쉽게 상장하고, 가격을 끌어올린 후 운영자들이 백서에 나오지 않은 코인 물량을 추가로 대량 발행하여 일시에 매도하고 수익을 챙겨 사라지는 '펌프 앤 덤프' 방법을 사용하기도 한다. 또 예치한 금액에 대해 이자를 지급하다가 출금하면 인출자의 지갑이 아닌 다른 지갑으로 출금되도록 스마트 컨트랙트를 만들기도 한다.

누구나 코인을 쉽게 만들어 낼 수 있고, DEX에서는 거의 무료로 상장할 수 있으며 별도의 감사나 조사도 받지 않기 때문에 이런 러그풀은 디파이에서 언제든지 일어날 수 있으므로 늘 주의해야 한다.

---

[Crypttempo 유튜브] **스캠**
암호화폐 시장에서는 고객의 돈을 횡령하려는 목적으로 진행되는 스캠 프로젝트들이 어떻게 시작되었고 어떤 것들이 있는지 설명합니다.

---

# 사용자 스스로
# 빠질 수 있는 위험

2016년부터 암호화폐 시장에 관심이 집중되며 대부분이 암호화폐에 대한 지식이나 이해 없이 그냥 사면 오르는 종목으로 생각하여 투자에 뛰어들었다. 또 2020년에서 2021년 1분기까지 수천%에 달하는 이자율에 반하여 별도의 지식 없이 디파이에도 돈이 몰리게 되었다.

초기 디파이는 거의 자료도 없었다. 있어도 대부분 영어로 되어 있어 쉽게 접하기 어려웠다. 있는 자료들도 사용에 대한 유의 사항이나 리스크에 대한 정보보다는 디파이 프로젝트의 사용 방법이나 수익을 내는 방법 등에 관한 내용이었다. 현재도 이것은 크게 달라지지 않았다.

그러나 모든 투자의 책임을 스스로 짊어져야 하는 디파이에서는 나의 작은 실수로 모든 자산을 잃는 경우도 발생할 수 있다. 따라서 사용자 스스로 빠질 수 있는 위험에 대해 알고 있어야만 한다. 이러한 위험에는 어떠한 것들이 있는지 살펴보자.

첫 번째, 반복 클릭의 실수이다. 보통 인터넷 사이트에서 버튼을 클릭했는데 아무런 변화도 없으면 추가로 버튼을 클릭하거나 페이지를 새로 고치게 된다. 일반 상거래나 결제 같은 경우 동일 건에 대해 몇 번을 클릭하더라도 결제는 한 번만 이루어지게 된다. 그러나 디파이에서는 거래에 관련된 버튼을 한 번 클릭할 때마다 하나의 트랜잭션이 생성된다. 따라서 트랜잭션을 일으키는 버튼을 반복적으로 클릭하게 될 경우, 클릭한 횟수만큼의 트랜잭션이 반복적으로 생성된다.

만약 누군가에게 암호화폐를 보낼 때 반복해서 클릭하게 되면, 처음 보내는 금액을 반복한 횟수만큼 다시 보내게 되는 것이다. 현실에서는 사실 여부를 따져서 결제 취소 절차를 밟아 원금을 회수할 수 있지만 디파이에서는 불가능하다. 또 한 번의 트랜잭션에 가스비도 별도 부과되기 때문에 생각보다 큰 금액의 손실을 얻을 수 있다.

만약 중복적으로 트랜잭션이 생성된 것을 확인하고 첫 번째 트랜잭션이 완료되기 전에 다음 트랜잭션들을 모두 취소한다고 해도 취소할 때도 가스비가 발생하기 때문에 조심해야 한다. 물론 최근 디파이 프로젝트들은 이런 오류를 막기 위해 트랜잭션이 생성되고 실행이 되는 동안 트랜잭션이 실행 중임을 알리는 화면을 호출하여 주기도 하지만 모두 그렇지는 않다.

두 번째, 과다한 가스비 지출이다. 가스비가 저렴한 블록체인의 경우 손실이 많이 나지는 않겠지만, 이더리움처럼 가스비가 비싼 블록체인의 경우 큰 손실이 날 수도 있다. 가스비를 과다하게 지출하는 경우는 크게 두 가지 경우이다. 첫 번째는 가스비가 비쌀 때 메타마스크 같은 암호화폐 지갑에서 자동으로 계산해 주는 값으로 그냥 실행하는 경우이다. 보통 이더리움 가스비가 쌀 경우, 20 Gwei에서 비쌀 때는 8,000 Gwei까지 블록 단위로 가스비가 변경된다. 보통 메타마스크와 같은 암호화폐 지갑에서는 사용자 트랜잭션의 빠른 완료를 위해 평균 가스비의 두 배 정도로 산정하여 자동으로 가스 한도를 계산, 설정해 준다. 가스비에 가스한도를 곱하여 수수료를 지불하기 때문에 가스비가 아주 쌀 때는 크게 문제가 되지 않지만, 가스비가 비쌀 때는 생각보다 큰 금액을 수수료로 지불하게 되는 것이다. 따라서 지불되는 가스비를 확인하지 않고 자동으로 승인하면, 큰 금액이 무심코 가스비로 나갈 수도 있다.

다른 경우는 가스비를 직접 입력할 때 잘못 입력하는 경우이다. 평균 가스비를 확인하고 자동 설정값보다 작은 가스비 지불을 위해 직접 가스비를 입력하게 되는데, 이때 실수로 잘못된 숫자를 입력하는 것이다. 현재 적정 가스비가 50Gwei인데 500Gwei로 입력한다거나 '0'이 잘못 눌려 엄청나게 큰 숫자를 입력하는 경우 큰 금액이 가스비로 지출되어 버리는 결과가 되는 것이다. 따라서 이런 위험이 있음을 인지하고 거래 승인 전 반드시 최종 예상 가스비를 확인해야 한다.

마지막으로 확인하지 않고 거래하는 실수이다. ERC-20 규격의 코인은 누구나 쉽게 만들 수 있고 화폐의 이름과 티커를 다른 코인과 동일하게 해도 문제가 없다. 이를 악용하여 동일한 이름과 티커의 코인을 만들어 DEX에 유동성을 공급할 수 있다. 이때 코인의 컨트랙트 주소를 확인하지 않고 거래하면 아무런 가치가 없이 이름만 같은 다른 코인으로 바뀌가게 되는 일이 발생한다. 또 이미 있는 코인이더라도 유동성이 공급되지 않은 DEX를 찾아 말도 안 되는 교환비로 유동성을 공급하면, 해당 DEX에서는 정상적인 가격보다 훨씬 비싸게 거래가 진행된다. 따라서 거래 전 일반적인 교환비를 반드시 확인하고 진행해야 한다.

물론 여기서 설명한 것 외에도 또 다른 사용자 위험은 있을 수 있다. 이렇게 언급한 이유는 디파이가 어렵고 무서운 시장이고 너무 위험하니 하지 말라는 것이 아니다. 다만 조금만 주의를 기울여 찾아보고 명확하게 사용법만 안다면, 피할 수 있는 위험이기 때문에 잘 숙지해서 이런 위험을 줄이고 자산을 잃지 말라는 의미로 적어놓은 것이다.

---

[Crypttempo 유튜브] **사용자 위험**
다른 투자와 동일하게 디파이에서도 스스로 투자에 대한 책임을 지기에 사용자의 실수로 손해를 볼 수 있는 유형을 설명합니다.

---

# 그 밖의 위험
# 규제

탈중앙화의 의미는 금융을 지배하는 중앙화된 막강한 권력이 존재하지 않는다는 의미도 되지만, 또한 책임지는 존재도 없다는 말이 된다. 즉, 거래의 주체가 모든 거래에 대한 책임을 지게 된다는 말이다. 앞에서는 블록체인상에서 디파이를 활용할 때 발생하는 문제와 사용자의 부주의로 발생하는 손실에 관해 이야기했다. 이런 내부적인 문제가 아닌 외적인 위험 요소도 존재하는데 바로 '국가적인 규제'이다.

초기 암호화폐의 등장 시기에는 국가적인 규제가 거의 없었다. 암호화폐가 단순한 게임머니와 같은 개념이었고 가치도 높지 않아 비트코인 10,000개로 피자 2판을 먹는 정도였기에 국가적으로 규제를 가할 규모가 아니었다. 그러나 2017년부터 암호화폐 시장이 주목받으며 규모가 커지게 되었고, 암호화폐 투자로 인해 자산에 큰 손해를 입는 사건들이 점점 늘어나게 되자 규제를 가하는 정부들이 등장하기 시작했다.

이후 암호화폐가 불법적인 자금 세탁에 사용될 가능성을 우려하여 더 다양한 규제가 등장하였다. 본인 인증, 채굴 금지, 세금 부과 등을 적용하려는 움직임이 생겨 탈중앙금융의 특징이 제한받기 시작했다. 일부는 이런 규제가 암호화폐 피해에 대한 제도적인 안전장치로 여겨 찬성하기도 하지만, 이 또한 신뢰할 수 있는 제3자가 탈중앙 금융에 대한 권력을 가지게 되는 것으로 탈중앙 금융의 존재 이유를 깨뜨릴 수도 있다.

또한 디파이에 대한 정부의 규제가 현재 금융 시장과 동일한 기준으로 진행된다면 많은 디파이 프로젝트들은 운영이 불가능해지는 경우도 생길 수 있다. 2022년에 발생한 테라-루나 사태로 인해 각 나라들은 스테이블코인뿐만 아니라, 전반적인 암호화폐 시장에 대해 법 개정 및 도입을 통해 다양한 각도로 규제를 가하려고 하고 있다. 아직 완벽하게 규제의 방향이나 방법에 대해서는 정해지지 않았으나, 향후 암호화폐 시장에 큰 변화를 줄 수도 있기에 국가적인 규제에는 항상 관심을 두어야 한다.

[Crypttempo 유튜브] **그 밖의 위험, 규제**

암호화폐 시장의 규모가 커지고 사건들이 일어나자 암호화폐 및 디파이에 대한 규제를 가하는 국가들이 늘어나고 있습니다. 이런 규제들에 관심을 가져야 하는 이유에 관해 설명합니다.

# 리스크를
# 최소화하는 방법

디파이에서 리스크를 최소화하기 위해서는 많은 노력이 필요하다. 가장 먼저 해야 할 것은 내가 투자한 대상에 대해 아는 것이다. 디파이의 기본적인 개념이나 용어, 동작 원리 등에 대해서는 당연히 이해해야 하며, 각 프로젝트의 특징과 사용 방법, 보상 체계에 대한 이해도 필요하다. 그러나 이런 기본적인 것을 이해했더라도 러그풀을 피하기 위해서는 추가적인 확인이 필요하다.

첫 번째는 수익률을 확인하는 것이다. 디파이 프로젝트의 경우 설계된 알고리즘에 의해 수익률이 변동되는데, 만약 높은 고정 수익률이나, 백서 등에서 확인한 것과 다른 수익률을 홍보한다면, 초기 투자금을 횡령하기 위한 스캠으로 프로젝트가 기획된 것은 아닌지 확인해 볼 필요가 있다. 수익이 크다는 이야기는 그만큼 위험도 크다는 이야기이다. 물론 이 위험을 이겨내고 큰 수익을 낼 수도 있다. 그러나 반대로 위험도 크기 때문에 큰 손실이 날 수도 있다는 이야기도 된다. 즉, 초기에 말도 안 되는 수익률을 이야기한다면 그것은 초기 투자금을 확보하기 위한 일시적인 수익률일 확률이 높다. 그런 프로젝트일수록 스캠일 확률이 높아진다는 이야기이다. 물론 어떤 프로젝트라도 아주 초기의 높은 이율만 적절하게 취하고 나올 수 있을 정도의 수준이 된다면 괜찮을 수도 있다. 하지만 그 짧은 순간의 고수익 기간과 수익 규모를 알아낸다는 것은 거의 불가능하기에 무분별한 투자는 금물이다.

두 번째는 프로젝트의 차별성을 확인해야 한다. 대게 디파이 프로젝트들은 오픈소스를 지향하기 때문에, 누구나 개발이 완료되어 운영되고 있는 프로젝트를 쉽게 카피해서 다른 프로젝트인 것처럼 론칭할 수 있다. 초기 보상을 바라고 사람들이 모일 수는 있지만, 운영상의 차별성이나 추가적인 개선 자체가 없거나 할 수 있는 능력이 없는 프로젝트라면 러그풀의 가능성도 의심해 보아야 한다. 특히 토큰을 무제한으로 발행할 수 있거나 발행 시점에 대한 기술적인 제약이 없다면, 한순간에 대량의 토큰을 발행하여 시장에 내다 파는 덤프 행위를 할 수 있게 된다. 이것은 보상으로 받는 토큰의 가치가 하루아침에 0에 가까워질 수 있다는 것이니, 시간을 들여 진행한 이자 농사가 헛수고가 될 수도 있다.

세 번째는 코드 및 스마트 컨트랙트에 대한 감사 여부 확인이다. 만약 본인이 프로그래밍을 할 수 있고 어느 정도의 기본 지식이 있다면, Github나 Etherscan 등에 공개된 프로젝트의 코드와 개발 진행 여부, 그리고 완성도를 확인해 보는 것이 좋다. 또한 업데이트와 사용성에 대한 지원 등이 얼마나 활발하게 이루어지는지 파악하는 것이 가장 좋은 방법이다.

그러나 블록체인과 디파이는 시작된 지 얼마되지 않았고, 전문적인 스마트 컨트랙트 프로그래머는 찾기도 쉽지 않을 정도로 희소하다. 대략적인 동작의 파악이나 단편적인 기능의 이해 정도는 할 수 있을지 모르나, 전체적인 파악과 오류의 확인, 프로젝트의 위험성과 사기 여부를 혼자 힘으로 찾아내기는 거의 불가능하다. 설령 가능하다고 해도 엄청난 노력과 시간이 필요할 것이다.

이런 노력과 시간을 간단하게 줄여주는 것이 바로 해당 프로젝트의 감사 여부를 확인하는 것이다. 프로젝트가 론칭되기 전에 이름 있는 감사 회사의 인증을 받았다고 하면, 어느 정도는 안정성이 확보되었다고 생각할 수 있다. 물론 인증받았다고 해서 100% 안전하다는 이야기는 아니지만, 감사를 통해 인증받는 데에도 많은 시간과 비용이 들어가게 되는데 이것을 감수하고 인증을 진행했다는 것은 이 프로젝트가 사기의 의도로 기획되지는 않았다고 어느 정도는 생각할 수 있다는 것이다.

이것을 확인할 때 인증 마크는 도용할 수 있기 때문에 최종 감사 결과 보고서가 업데이트 되어 있는지, 해당 업체의 공식적인 발표나 홈페이지상의 파트너쉽 체결 또는 해당 프로젝트에 대한 감사 소식 등이 있는지를 함께 확인해야 한다.

네 번째는 버그바운티bug-bounty 운영 여부 확인이다. 버그바운티란 소프트웨어나 서비스의 취약점을 찾아낸 사람들에게 상금을 지급하는 제도다. 프로젝트팀이 개발한 서비스에 버그바운티를 운영한다는 것은 그만큼 프로토콜의 안정성을 확보하기 위해 노력한다는 것이다. 버그바운티의 상금이 클수록 화이트 해커들에 의한 검증의 강도가 높아지기 때문에 상대적으로 더 안전한 프로토콜이 된다고 볼 수 있다.

마지막으로 커뮤니티의 활성화 정도를 확인하는 것이다. 초기에 많은 사용자와 자본, 유동성을 확보한 프로젝트가 성공 확률이 높다. 따라서 트위터, 디스코드, 텔레그램, 미디엄 등을 통한 커뮤니티 구축과 사용자와의 소통이 성공의 중요한 요소로 자리 잡게 되었다. 최근 론칭하는 대부분의 디파이 프로젝트들은 온라인 채널을 통해 개발 사항이나 서비스 시작 일정, 보상에 대한 구체적인 방안이나 이벤트 등을 알리고 홍보하여 초기 사용자를 확보한다.

정상적인 프로젝트라면 당연히 커뮤니티를 통한 홍보, 프로젝트의 차별성과 작동 및 보상 체계에 대한 설명, Q&A, 고객 지원 등에 대한 노력을 아끼지 않을 것이다. 또한 각 채널에 방문했을 때 커뮤니티 참여자와 운영자 사이에 활발한 상호 활동을 확인할 수 있을 것이다.

---

[Crypttempo 유튜브] **리스크를 최소화하는 방법**
디파이 투자 리스크 최소화를 위해 투자 대상에 대해 잘 알아야 합니다. 또한 러그풀을 피하기 위해서 추가로 확인해야 할 것은 어떤 것이 있는지 설명합니다.

---

# 돌다리도
# 두드려 보고 건너기

지금까지 디파이 생태계의 근간이 되는 주요 서비스들에 대해 알아보았다. 또한 이러한 서비스들을 활용하는데 꼭 기억하고 있어야 할 위험요인들에 대해서도 살펴보았다. 위험요인들을 별도의 챕터로 분리하여 다룬 것은 시작하기도 전에 겁을 줘서 디파이를 활용한 투자를 경고하고, 활동을 포기시키기 위한 것이 결코 아니다. 무법자들이 활개를 치고 다닌다고 해서 디파이 시장을 미국의 개척기를 빗대어 'The Wild West' 라고 부르기도 한다. 여기에는 크나큰 위험이 도사리고 있지만 동시에 엄청난 기회가 함께 있다는 뜻이 포함된 것이다. 시간이 흐름에 따라 디파이는 시장의 요구에 맞도록 점차 다양한 서비스들이 등장하며 확장하고, 현재의 리스크들은 보완해 나갈 방법들이 나타나 안정화도 이룰 것이다.

기존의 금융 기관에도 여전히 나름의 리스크가 존재한다. 금융 기관 자체가 부실화되거나 보안상의 문제가 있을 수도 있다. 또 피해가 발생하더라도 100% 보상받을 수 있다는 절대적인 보장도 없다. 그래서 이용하기에 앞서 내가 어떠한 서비스를 받으며, 어떠한 리스크가 있는지를 명확하게 알고 있어야 한다. 따라서 디파이를 이용하기에 앞서 거래와 관련해 있을 수 있는 위험에 대해 명확하게 인지하는 것은 아무리 강조해도 지나치지 않다.

향후 디파이 시장에도 각국의 규제가 등장할 것이고, 그에 발맞춰 소비자 보호를 위한 제도들도 등장할 것이다. 하지만 '내 자산은 내가 지킨다'라는 철학만큼은 디파이가 존재하는 한 기본적으로 유지해야 한다. 따라서 지나치게 많은 수익성을 약속한다든지, 약속할 수 없는 내용을 내세우는 프로젝트에 대해 늘 경각심을 가지도록 하자. 그러나 한편으로는 열린 마음으로 새롭게 등장하는 개념들과 서비스들을 알아보고 공부하여 활용해보는 것도 필요하다. 인터넷이 처음 대중에게 확산될 당시 많은 사람에게 성공을 안겨다 주기도, 실패를 안겨다 주기도 했던 것처럼, 현재의 블록체인과 암호화폐, 그리고 디파이가 누군가에게는 성공을, 누군가에게는 실패를 가져다줄 것이다.

그러나 분명한 것은 그 시기에 남들보다 앞서 인터넷을 이해하고 잘 활용했던 사람들은 분명히 나중에 시작한 사람보다 많은 혜택을 보았다는 사실이다. 그때처럼 암호화폐, 디파이 시장도 마찬가지일 것이다.

아직 태동기인 디파이는 투자자에게 그렇게 친절하지 않다. 그러나 돌다리도 두드리며 건너는 마음으로 조심히 한 걸음 한 걸음씩 지나가다 보면, 어느덧 충분히 매력적인 수익과 기회에 도달할 수 있을 것이다.

사용법이 어렵거나 새로운 개념에 대해 더 알아보고 싶은 것이 있을 때는 각 프로젝트의 공식 커뮤니티들을 활용해보자. 디스코드, 텔레그램, 미디엄 등의 매체에 있는 수많은 정보와 대화방을 잘 활용한다면, 어느덧 디파이를 잘 활용하는 자신을 발견하게 될 것이다.

# 금융의 미래
# 탈중앙화

기존 금융 기관도 오랜 시간을 거쳐 시행착오를 겪고 제도적으로도 많은 부분이 안정화 되어 오늘의 시스템을 이룩하였다. 초기의 은행들도 지금과는 비교할 수 없을 정도로 높은 이자율을 제시하였지만 리스크 역시 훨씬 컸다는 사실을 부인할 수 없다.

디파이 또한 아직 성장의 초입에 있어, 이러한 높은 리스크와 기대이익을 안겨 주고 있다고 볼 수 있다. 시간이 흐름에 따라 디파이의 수익성도 점차 전통 금융권에 점진적으로 수렴해 나갈 것이다. 그러나 아직은 더 개발될 영역이 많이 남아 있고, 가능성이 무궁무진한 것 또한 사실이다.

디파이는 전통적인 금융이 다루던 예금, 채권, 주식, 보험 및 여러 가지에 기초한 각종 파생 상품들을 대부분 블록체인상에서 구현하게 될 것으로 기대된다. 또, 각종 디지털 자산의 소유권을 증명하는 NFT Non Fungible Token나, 각국 중앙은행에서 발행하게 될 전자화폐인 CBDC Central Bank Digital Currency 등의 가상 자산 시장이 발달하면 할수록 디파이는 더더욱 크고 다양하며 복잡한 머니 레고의 작품으로 만들어질 것이다.

디파이의 'Decentralized'가 의미하는 탈중앙성이 점차 보편화될수록 기존의 금융 기관들의 자리도 잠식되는 날도 올 수 있다고 생각한다. 은행이 없어도 자유롭게 나의 유휴자금을 예치하여 이자를 받을 수도 있고 자유롭게 내가 가진 자산을 교환하며 금융을 할 수 있는 세상이 다가올 것이다. 이러한 탈중앙성이 가져올 미래의 3가지 키워드를 정리해 보았다.

첫 번째, 탈중앙성이 가져올 '공정성 증대'이다. 디파이 시장에는 '코드가 법이다'라는 말이 있다. 스마트 컨트랙트 기반으로 작동되는 디파이인 만큼, 최초 설계되어 만들어진 코드대로 모든 활동이 작동한다. 정상적으로 만들어진 스마트 컨트랙트라면 누구라도 그 규칙을 어기는 특혜가 있을 수 없다. 디파이의 보편화는 모두에게 공정한 금융 서비스의 제공을 확산시키게 될 것이다. 특정 권력을 통한 특혜 시비, 무분별한 금융 기관에 대한 구제금융 등은 사라지게 될 것이며, 소비자의 선택을 받는 건전하고 유의미한 서비스들이 성장하게 될 것이다.

두 번째, 탈중앙성이 가져올 '효율성 증대'이다. 이더리움을 필두로 스마트 컨트랙트를 지원하는 블록체인 네트워크의 경우 크게 두 가지 관점에서 기존 금융 대비 효율성을 크게 향상시킨다.

먼저, 기존 금융 기관의 경우 물리적인 점포와 금고 등을 유지하고 지키는데 상당한 비용을 지출할 수 밖에 없다. 하지만 스마트 컨트랙트는 블록체인 위에서 작동하기 때문에 물리적인 점포나 금고가 없을 뿐만 아니라, 현실 세계로 치면 금고의 돈에 해당하는 정보의 위변조 방지 부분도 기반이 되는 블록체인이 보안을 책임져 주기 때문에 직접적인 비용을 지불하지 않게 된다. 단지 블록체인 네트워크를 사용하는 사용자가 사용량에 비례해 이용료를 지불할 따름이다.

다음으로 설계된 코드대로 모든 금융 활동을 처리하기 때문에 개별 거래에 사람이 개입할 여지도, 이유도 없다. 따라서 하나의 디파이 프로젝트를 운영하는데 기존 금융권 대비 절대적으로 적은 인원으로도 서비스가 가능해진다. 이러한 점들로 인해 기존 금융권 대비 절대적으로 효율적인 서비스 제공이 가능하다. 만 명이 넘는 인원이 필요한 은행의 일을 단 10명으로 구성된 팀이 만들고, 유지보수하는 프로토콜이 수행할 수도 있게 된다는 말이다.

세 번째, 탈중앙성이 가져올 '참여자 증대'이다. 아직도 제대로

된 금융의 혜택을 누리지 못하고 있는 계층의 사람들이 있다. 아프리카 일부 지역을 비롯한 저개발국가에서는 은행 계좌조차 없이 생활하는 사람들도 많다. 이러한 이들에게도 블록체인과 디파이는 금융환경을 손쉽게 제공해 줄 수 있다. 자산의 송금과 보관에 그치지 않고 대출과 레버리지에 대한 접근과 같은 실질적 혜택도 안겨다 주게 될 것이다. 또한, 일반적인 금융은 고객 확인 제도(KYC, Know Your Customer 내지는 KYB, Know Your Business)를 통해 거래 상대방을 특정한 이후에나 이루어지는데, 많은 디파이는 거래 상대방을 인지할 필요가 없다. 물론 때로는 이러한 익명성이 음성적인 활동에 사용되기도 하지만, 미래에는 이러한 익명성을 기반으로 한 금융 시스템이 로봇 혹은 AI가 금융을 할 수 있는 기반을 열어주게 될 것이다.

사람이나 법인은 기존 금융권에서 확인을 통해 실명제로 금융을 활용할 수 있겠지만, 로봇이나 AI에 대해 실명제를 실시하는 것은 대단히 어려운 문제이기 때문이다. 물론 일부분 사람이나 법인의 인증을 로봇 또는 AI에 허용해서 작동하게 할 수는 있겠지만, 이는 어디까지나 제한적인 활동만을 가능케 할 것이다.

따라서 궁극적으로 온전하게 자유로운 거래 환경은 익명으로 거래가 가능한 디파이에서 이루어질 것으로 예상된다. 잘사는 나라의 사람들과 법인 자격의 활동만 이루어지던 기존 금융 시장에 새롭게 사람들이 접근하게 되고, 또 숫자를 셀 수 없을 만큼 많은 로봇과 AI 참여자가 나타났을 때, 얼마나 더 커지고 효율적인 시장이 될지 지켜볼 일이다.

이미 많은 고액 자산가나 기관 투자자들이 디파이 시장에 진입하였으며, 앞으로도 그 움직임은 커져 나갈 것으로 기대된다. 저 멀리 서부에 금광이 있고 매일 부자들이 탄생하고 있다는 소문들이 돌던 미국 서부 개척 시대와 같이 지금 시간에도 어디선가 디파이를 통해 부를 축적하고 있는 사람들이 있다. 여기서 제대로 된 준비도 없이 위험이 가득한 서부로 금을 캐러 무작정 달려갈 건지, 미리 적절한 준비를 하며 기회를 잡기 위해 노력할 것인지, 아예 기회를 포기할 것인지는 독자들의 몫일 것이다.

이 책이 디파이에 대해 차분히 준비하여 여정을 떠나고자 하는 이들에게 좋은 길라잡이가 되기를 바란다.

부록

디파이
입문하기 전에
반드시 알아야 할
상식

# 블록체인

중앙화된 금융은 은행으로 대표되는 금융 기관 등에 자산을 맡기고 거래하는 형태이다. 즉, 신뢰할 수 있는 제3자를 중앙에 두고 중앙에서 거래 내역을 만들고 관리한다. 그래서 자산과 거래 내역을 관리하는 금융 기관에 거의 모든 권한이 집중된다. 모든 거래는 자산을 맡기고 거래하는 개개인의 의견이 거의 반영되지 않고 금융 기관에서 결정한 방식과 비용으로 진행된다. 또한, 금융 기관의 중앙 서버가 해킹당해 자산과 거래정보가 조작, 탈취당하기도 하고 금융 기관 자체의 부실이나 부도로 인해 하루아침에 자산이 사라지기도 한다.

2008년 9월 서브프라임 모기지 사태로 인한 리먼브러더스 파산이 이런 중앙화된 금융의 문제를 단적으로 보여주었고, 금융이 탈중앙화 해야 된다는 목소리가 높아지면서 비트코인이 세상에 등장하게 되었다. 비트코인은 기존 중앙화된 금융 기관의 문제점을 해결하고 신뢰할 수 있는 제3자 없이 개인 대 개인의 거래가 가능하도록 개발되었다. 신뢰할 수 있는 제3자 없이 거래하기 위해서는 더 투명하고 안정적인 거래 인프라가 필요한데 블록체인 기술이 이를 가능하게 해주었다.

블록체인 기술은 이름에서 알 수 있듯이 거래정보 및 데이터를 블록의 형태로 담고 이런 블록들을 정해진 규칙에 따라 체인처럼 연결하여 저장하는 것을 의미한다. 이렇게 저장한 데이터를 여러 대의 컴퓨터에 복제해 저장하기 때문에 블록체인 기술은 분산형 내지는 탈중앙 데이터 저장 방식이라고도 한다.

이해를 돕기 위해 '분산화 공동체'가 있다고 가정해 보자. 이 공동체는 구성원 간에 거래가 활발하게 일어나는데, 자산은 각자 관리하며 거래 내역은 모든 구성원이 함께 관리하기로 하고 공정하고 투명한 관리를 위해 두 가지 규칙을 만들었다. 첫 번째는 종이 한 장에 10번의 거래 내역이 들어갈 수 있는 서식을 만들고 거래가 발생한 날짜와 시간, 거래 내역과 잔고를 기록한 후 모두에게 공유해야 한다는 것이다. 두 번째는 거래가 발생할 경우, 가장 최후에 공유된 파일에 거래 내역을 기록해야 하고 양식이 꽉 찬 경우

한 장을 추가하고, 처음 기록하는 사람이 쪽 번호를 기록하고 위조를 방지하기 위해 도장을 찍고 간인 해야 한다는 것이다.

시스템이 문제없이 돌아갈 경우, 분산화 공동체의 거래 방식은 중앙에서 모든 자산과 거래 내역을 관리하는 중앙화된 금융 거래 방식에 비해 쓸데없이 복잡하고 관리가 다소 번거로운 방식이라 생각될 것이다. 그런데 만약 누군가가 자산과 거래 내역을 조작하거나 삭제하려고 한다면 이야기가 달라진다. 중앙화된 금융에서는 중앙 서버에 접속하여 쉽게 거래 내역을 조작할 수 있고 자산을 탈취할 수 있다. 더욱이 이 행위를 하려는 사람이 중앙화된 금융 내부 인원이라면 일은 훨씬 쉬워진다.

분산화 공동체는 구성원이 각자 자산을 관리하기 때문에 자산의 탈취가 어렵다. 또 모든 구성원이 동일한 데이터를 관리하고 있어 모든 구성원의 컴퓨터에 접속하여 거래 내역을 수정, 삭제하여야 한다. 그런데 모든 구성원의 데이터를 조작하기 전에 다른 거래가 일어난다면 이전 기록이 포함된 최신의 거래 내역이 다시 공유되기 때문에 데이터를 조작하기 위해서는 조작하려는 거래 내역부터 이후에 공유되는 모든 거래 내역을 전부 조작해야 한다. 이것은 실질적으로 불가능에 가까운 일이다. 즉, 해킹과 같은 문제가 발생할 경우에는 분산화 공동체의 거래 방식이 더 안전하다는 것을 알 수 있다.

예로 설명한 분산화 공동체의 거래 방식이 바로 블록체인에서 거래가 이루어지는 방식이다. 신뢰할 수 있는 제3자 대신에 블록체인을 활용하여 개인과 개인이 직접 거래를 하고, 모든 거래 내역은 블록체인을 활용하여 모두에게 공유하게 된다. 따라서 특정 집단이 권력을 가질 수 없게 되어 탈중앙화 되었다고 한다. 거래정보는 상호 대조를 통해 확인하기 때문에 특정 컴퓨터가 고장 나거나 해킹당한다고 해도 다른 컴퓨터에 저장되어있는 전체의 거래 내역은 보존된다. 또 이를 위변조하기 위해서는 참여한 컴퓨터의 과반수 이상을 동시에 해킹해야 하는 어려움이 있다. 게다가 과반수 이상의 장부를 바꾸기 전에 10개의 거래 내역이 한 장의 서식에 가득 차게 되면 이전 거래 내역을 포함한 새로운 장부가 생성되고 공유된다. 따라서 현재의 데이터뿐 아니라, 이후 생성되는 모든 데이터도 전부 해킹해야만 위변조가 가능하다. 그렇기에 사실상 위변조가 불가능하게 되어 신뢰성과 안정성을 확보할 수 있게 된다.

예시를 통해 블록체인의 개념에 대해 알아봤다면 이제 블록체인의 기본 용어에 대해 정리해 보자. 분산화 공동체는 블록체인 네트워크로 전체 시스템을 말하며, 각각의 블록체인 네트워크를 메인넷이라고 한다. 공동체의 구성원은 노드라고 하며 이들은 거래 내역을 공유하고 데이터를 저장한다. 이때 발생한 거래 내역을 트랜잭션이라고 하며 동일한 서식 한 장이 블록이다.

즉, 노드는 블록에 트랜잭션들을 담아 저장하고 공유하는 일을 한다. 서식 한 장에 10개의 거래 내역을 적었던 것처럼 블록의 사이즈는 정해져 있다. 10개의 거래 단위로 종이를 추가하는 행위를 하였지만 실제로 블록체인에서는 동일한 시간 간격을 목표로 블록이 생성되는데 이것을 '목표 시간'이라고 한다. 비트코인의 경우는 목표 시간이 대략 10분으로, 이더리움은 12초로 설정되어 있으며, 각각의 블록체인별로 목적에 맞게 목표 시간이 설정되어 있다. 서식의 한 장이 채워지고 새로운 종이를 한 장 추가할 때 위조 방지를 위해 간인 한 것처럼 블록을 생성할 때 해시값을 생성하여 부여하고 다음에 생성되는 블록에 이전 블록의 해시값을 포함해 두 블록을 체인처럼 연결하게 된다.

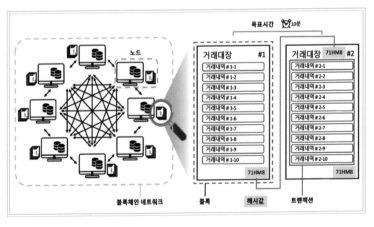

[그림 부록 1] 블록체인의 구성과 기본용어

해시값은 해시함수를 이용하여 입력값을 고정된 길이의 암호화된 문자열로 출력한 값이다. 해시함수에는 세 가지 특징이 있다. 첫 번째는 입력값에 상관없이 동일한 길이의 알 수 없는 문자와 숫자로 이루어진 결과값이 출력된다. 두 번째는 입력값이 아주 조금만 바뀌어도 완전히 다른 결과가 출력된다. 마지막으로 해시함수의 입력값에는 제한이 없기에 암호화 결과로 나온 해시값만으로 입력값을 찾는 것이 불가능한 비가역 암호화 기법이라는 점이다. [그림 부록 2]에서 보는 것처럼 띄어쓰기와 대소문자 변경만으로도 길이는 같으나 완전히 다른 결과값이 나오는 것을 볼 수 있다. 특정한 규칙을 가지고 해시값이 변하지 않기 때문에 같은 해시값을 얻기 위해서는 정확한 입력값을 알아야만 한다.

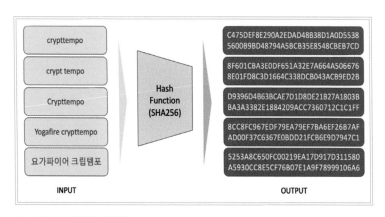

[그림 부록 2] 해시함수의 특징

다양한 블록체인에서 블록을 만드는 작업의 대가로 암호화폐를 지급한다. 블록을 만들 노드를 선정하는 다양한 방식이 있지만 가장 대표적인 방식이 작업증명 방식이다. 많은 블록체인에서 작업증명 방식을 사용하는데 여기서는 가장 대표적인 비트코인 블록체인을 기준으로 설명하겠다.

블록을 생성하기 위해 시스템에서는 특정 조건의 해시값을 제시하고, 블록체인 시스템에 참여한 노드들은 각자 거래정보인 트랜잭션들을 블록에 담고 제시된 해시값에 대한 입력값을 찾는 경쟁을 한다. 해시함수의 특징으로 인해 요구되는 조건에 부합하는 해시값을 찾기 위해서는 임의의 입력값을 무한히 대입해 가면서 결과값이 조건에 맞는지를 확인한다.

여기서 가장 먼저 조건에 맞는 해시값에 대한 입력값을 찾은 노드가 만든 블록이 다음 블록으로 채택되어 블록체인에 기록된다. 찾아낸 입력값을 해시함수에 대입하여 나온 해시값이 그 블록의 해시값이 되고, 다른 노드들은 해당 블록에 문제가 없는지 검증하게 된다. 검증이 완료되면 블록체인은 블록을 생성한 대가로 정해진 수량의 암호화폐를 해당 노드에 지급함으로써 블록 생성 프로세스는 마무리된다. 이 과정에서 시스템은 블록 생성을 위해 임의로 제시한 해시값을 조절함으로, 작업 증명의 난이도를 조절하여 블록 생성 목표 시간을 유지한다.

블록의 구성에서 보는 것과 같이 한 블록에는 해당 블록의 해시값이 기록되며, 이전 블록과의 연결을 위해 이전 블록의 해시값이 블록 헤더 부분에 기록된다. 그래서 특정 블록의 거래정보를 위변조하기 위해서는 그 이후 연결되는 모든 블록의 기록 정보를 변경해야 하는 것이다. 그렇게 하기 위해서는 다음 블록이 생성되는 목표 시간 안에 블록 해시에 대한 입력값을 알아내야 한다. 이것은 경쟁에 참여한 노드가 많아져서 답을 찾아내는 연산력이 높아질수록 비용이 높아지게 된다. 목표 시간이 지나서 새로운 블록이 추가되면 점점 찾아내야 할 입력값들이 많아지게 되어 해킹을 통한 이익보다 해킹을 위한 비용이 높아지게 된다.

또한 블록체인의 데이터들은 상호 대조를 통해 데이터의 무결성을 확인하기 때문에 단지 한 블록을 변경하는 것이 아니라 네트

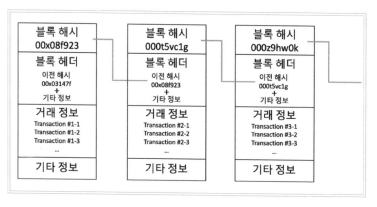

[그림 부록 3] **블록의 구성과 연결 구조**

워크에 참여한 노드들이 보유하고 있는 데이터를 전부 변경해야한다. 이 작업 역시 네트워크에 참여한 노드가 많으면 많을수록 어려워지고 비용은 높아지게 된다.

이런 이유로 블록체인에 대한 해킹이 일어나는 것은 거의 불가능하다. 혹여 가능하다고 하더라도 비용이 많이 들어 시도 자체를 포기하게 되고, 블록체인은 거래에 대한 안전성과 무결성을 확보할 수 있게 된다.

---

**[Crypttempo 유튜브] 블록체인 개념과 용어**
블록체인이 무엇인지, 구성하는 요소와 기본적인 용어에 관해 설명합니다.

---

**[Crypttempo 유튜브] 블록체인을 사용하는 이유**
복잡하고 비효율적으로 보이는 블록체인 방식의 거래를 사용하는 이유에 관해 설명합니다.

---

**[Crypttempo 유튜브] 암호화 해시함수와 작업증명**
입력 값을 고정된 길이의 암호화된 문자열로 출력해 주는 해시 함수에는 어떤 특징이 있고 블록체인과 암호화폐 채굴 방법인 작업증명 Proof of Work 에서는 어떻게 활용하는지 설명합니다.

---

# 이더리움의 탄생

비트코인 블록체인은 기존 중앙화된 금융기관의 문제점을 해결하고 신뢰할 수 있는 제3자가 필요 없이 개인 대 개인의 거래가 가능하게 하기 위해 개발되었다. 개발 목적에 맞춰 비트코인 블록체인은 거래를 실행하고 내역을 기록하는 기능을 제외한 거의 모든 것을 제한하여 시스템의 신뢰도를 확보하는 데 주력하였다.

비트코인 개발팀의 일원이었던 비탈릭 부테린Vitalik Buterin은 비트코인 블록체인의 잠재력을 믿고 단순히 거래 기록을 위해 사용하는 블록체인이 아니라, 다양한 기능을 수행할 수 있는 블록체인으로 업그레이드를 제안하였다. 그러나 비트코인 개발팀의 상당수가 비트코인을 화폐 이외의 용도로 사용하는 것을 싫어했다. 더욱이 거래와 상관없는 데이터까지 블록이 처리하게 되면 거래의 양이 줄게 되어 처리 속도가 느려질 것을 우려하며 그의 제안을 반대하였다.

이후 비탈릭 부테린은 독립적인 블록체인을 만들기로 하고 2013년 11월 《차세대 스마트 컨트랙트 & 분산 응용애플리케이션 플랫폼》이라는 제목의 이더리움 백서를 출간했다. 제목에서 알 수 있듯이 블록체인 기술에 스마트 컨트랙트의 개념을 도입해 단순한 거래뿐만 아니라, 스마트폰 앱처럼 응용 어플리케이션이 동작할 수 있는 블록체인을 개발한 것이다.

이를 통해 블록체인 기술은 한 단계 더 발전할 수 있었다. 하지만 프로그램 오류로 인해 네트워크가 마비될 수도 있고, 해킹에 노출될 수 있는 안전성 문제가 발생하였다. 이더리움은 이런 문제점을 해결하기 위해 비트코인의 트랜잭션 수수료의 개념을 차용, '가스GAS'라는 개념을 도입하였다. 비트코인 트랜잭션 수수료는 대규모 스팸 공격에서 네트워크를 보호하고, 트랜잭션을 승인하고 새로운 블록을 생성하는 과정에 참여한 채굴자들에게 보상을 제공하기 위한 개념이었다.

이더리움 네트워크에서는 네트워크 특성에 맞게 트랜잭션의 종료 시점을 보장하는 개념을 더하여 가스비 체계를 구축했다. 종료 시점을 보장한다는 것은 계약을 실행하기 전에 자신이 낼 가스의 최대값을 기록하고, 가스가 거래를 진행하기에 부족하면 소진되는 순간 중단되어 실패하고, 모든 데이터는 거래가 실행되기 전으로 환원시키고, 충분하다면 거래는 실행되고 남은 가스는 환불되는 개념이다. 자동차를 운행하다가 기름이 떨어지면 차가 멈추는 것과 같다고 보면 되는데 목적지에 도착하지 못하면 차를 다시 출발지로 돌려놓는 것과 같다. 이런 방식을 적용하여 무한 반복되는 거래를 하려는 사람은 네트워크 사용 수수료로 큰 비용을 지불하고, 수수료가 부족한 경우 거래가 취소되고 데이터를 거래 전 상태로 환원시켜 피해가 없도록 하였다. 스마트 컨트랙트와 가스의 개념은 이더리움을 이해하고 이후 설명할 디파이 생태계를 이해하는 데 필요한 중요한 개념이기에 뒤에서 좀 더 자세히 설명하도록 하겠다.

이렇게 개발된 이더리움은 2015년 7월 30일 공식적으로 시스템을 공개했고, 현재까지 비트코인 블록체인을 제외하고 가장 많이 사용하는 블록체인이 되었다. 이더리움의 기초 화폐는 이더ETH이며, 비트코인과 동일하게 블록을 만드는 참여자에게 보상으로 이더가 지급되도록 하였다. 또 이더리움 네트워크를 사용하는 대가로 내는 수수료인 가스도 이더로 결제한다.

이더리움 블록체인이 공개되고 블록체인 생태계에 크게 두 가지 변화가 생겼는데 첫 번째는 '디앱dApp-Decentralized Application'의 출시이다. dApp이란 블록체인 위에서 구현되는 앱으로 개발자들이 이더리움 블록체인의 규칙과 다양한 도구들을 이용하여 개발한 다양한 프로그램들이다. 스마트폰 운영체제인 IOS와 안드로이드 OS에 다양한 앱이 개발되어있는 것처럼 이더리움이라는 운영체제에서 돌아가는 다양한 앱들이 개발된 것이다. 이를 통해 이더리움 블록체인은 거래뿐 아니라 예금, 대출, 암호화폐 교환, 보험 등의 다양한 금융과 게임, 디지털 예술품 거래 등 다양하게 사용할 수 있게 되었다.

두 번째는 dApp에서 사용할 수 있는 토큰을 만들 수 있게 되었다. 이더리움은 'ERC-20'이라는 토큰의 표준을 만들고, 이를 통해 쉽게 토큰을 발행할 수 있게 만들었다. 이것을 활용해 개발자들은 dApp 내에서 사용할 토큰을 만들게 되었고, 이로써 수많은 암호화폐가 세상에 나오게 되었다.

개발자들은 자신이 개발할 dApp의 기능과 작동 원리, 필요 비용 등을 공개하고 개발될 dApp에서 사용이 가능한 토큰을 만들어 판매함으로 개발 자금을 모으게 되었다. 쉽게 생각하면 스타트업 기업이 아이디어와 제품의 미래 가치를 가지고 초기 사업 자금을 마련하는 것과 유사하다. 이를 ICOInitial Coin Offering이라고 한다.

ICO가 시작되면서 많은 개발자가 dApp 프로젝트에 참여하였고, 막대한 자본이 이더리움 블록체인으로 들어오게 되었다. 그래서 닷컴 버블 때처럼 암호화폐 시장도 ICO를 진행하면 단숨에 투자가 몰리며 수십억에서 수백억의 자금을 모을 수 있게 되었다. 이렇다 보니 실제 구현이 불가능한 프로젝트나 과장된 수익을 홍보하여 ICO를 진행하고 투자금을 탈취하는 일도 생기게 되었다. 이런 일들로 피해도 있었지만 결국은 많은 토큰이 이더리움 블록체인 내에 상주하게 되었다. 각 토큰은 어느 정도의 가격을 형성하여 이더리움 블록체인에 큰 자산을 형성하게 되었으며, 이후 디파이를 비롯한 다양한 앱들이 탄생할 수 있었던 배경이 되었다.

# 스마트 컨트랙트

우리는 살아가면서 많은 계약을 한다. 은행에서 예금, 또는 적금이나 보험을 들거나, 집이나 차를 사는 모든 행위가 계약을 통해 이루어진다. 심지어 편의점이나 상점에서 물건을 사는 행위도 어떻게 보면 계약이라고 할 수 있다. 이런 계약의 특징은 둘 이상의 약속과 합의 그리고 그것을 보장하는 제3자가 존재한다는 것이다. 집을 거래 할 때는 공인중개사, 차량을 구매할 때는 딜러가 제3자의 역할을 한다. 가끔은 제3자가 없다고 생각되는 계약이 있다. 예를 들면 회사와 개인이 체결하는 고용 계약이나, 회사와 회사가 체결하는 사용 계약 같은 경우가 그렇다. 하지만 생각해 보면 이런 계약들은 정부가 제도나 법을 통해 제3자의 역할을 하는 것이다.

결국 제3자의 역할은 이 계약이 체결되었음을 보증하고, 계약의 이행이나 위반을 검증하여 계약이 잘 마무리 되도록 관리하는 것이다.

이런 전통적인 계약 방식에는 몇 가지 한계가 있다. 첫 번째는 계약 체결을 위해 계약서 형태의 서류를 중개인 입회하에 직접 사인하여 진행하기 때문에 지역적인 제약이 있다. 두 번째는 계약의 실행을 검증하고 보증하는 중개인에 대한 수수료가 필요하다는 것이다. 계약이 어렵고 복잡할수록, 위험성이 클수록, 먼 지역 간의 계약일수록 중개 수수료는 크게 상승하게 된다. 마지막으로 중개인 자체의 위험이 있다. 중개인이 이중 계약이나 허위 계약을 진행하고 수수료만 챙기고 사라진다면, 그 피해는 계약의 당사자들이 책임져야 하는 상황이 된다.

1996년 미국 출신 닉 자보는 디지털 시대에 계약의 지역적 한계와 제3자에 대한 위험을 해결하는 방안으로 '스마트 컨트랙트'란 개념을 처음 선보였다. 그가 주장한 스마트 컨트랙트는 계약 조건을 컴퓨터 코드로 지정하고 조건이 맞으면 계약을 자동으로 이행하는 방식으로 제3자의 역할을 컴퓨터 프로그램이 수행하는 것이다. 스마트 컨트랙트는 계약 수행의 당사자가 누구인지 어떤 사람인지 알아야 할 필요가 없다. 어떤 대상과 계약을 하든지 프로그래밍 된 계약의 조건만 맞는다면, 자동으로 계약이 실행되기 때문에 계약을 하는 사람의 신용도가 필요 없다. 어떻게 보면 스마트 컨트랙트는 물품별로 가격이 매겨져서 누구나 돈을 넣고 물건을 선택하면, 해당 물건을 받을 수 있는 자판기와 유사하다.

닉 자보가 고안한 스마트 컨트랙트는 디지털 시대의 계약에 사용될 수 있는 합당한 제안이었다. 그러나 자동판매기 시스템이 가지고 있는 세 가지 문제를 스마트 컨트랙트도 동일하게 가지고 있었기에 활발하게 사용되지는 못하였다.

첫 번째는 정전으로 인해 전원이 공급되지 않으면 자판기를 사용할 수 없다는 것이다. 스마트 컨트랙트를 수행하고 있는 컴퓨터 시스템이 다운되거나 고장 나 버리면 계약이 실행되지 않게 된다.

두 번째로 자판기 자체의 고장이다. 스마트 컨트랙트는 코드로 이루어져 있는데 사람이 코드를 작성하기 때문에 오류가 발생할 수 있다. 즉 자판기에 돈을 넣었는데 물건이 나오지 않는 경우와 돈을 넣고 물건을 골랐는데 다른 물건이 나오는 경우, 돈을 넣었는데 물건이 정해진 수량이 아닌 적게 또는 많이 나오는 경우가 그것이다.

세 번째로 외부에 힘을 가해 자판기를 부수고 돈과 물품을 탈취할 수 있다는 것이다. 이것은 코드로 이루어진 스마트 컨트랙트가 해킹으로 거래에 따른 이익을 빼앗길 수 있다는 것이다. 이렇게 세 가지 문제로 인해 스마트 컨트랙트는 좋은 시도였으나 불안 요소들 때문에 적극적으로 활용되기는 어려웠다.

그러나 스마트 컨트랙트는 2013년 이더리움 창시자인 비탈릭 부테린이 이더리움 블록체인에 도입함으로 본격적으로 사용되기 시작하였다. 블록체인 기술의 특징이 스마트 컨트랙트가 가지는 한계점을 대부분 보완하며 신뢰성을 높였기 때문이다.

블록체인은 한 번 시작되면 네트워크에 참여한 노드가 있는 한 멈추지도 꺼지지도 않고 24시간 돌아가는 컴퓨팅 환경을 제공한다. 단 하나의 노드라도 남아 있다면 블록체인 네트워크는 계속 운영되기 때문에 서버의 다운이나 메인 컴퓨터의 고장으로 계약이 이행되지 않는 문제가 해결된다.

또한 블록체인에 기록된 데이터는 바꾸거나 삭제할 수 없다. 따라서 해킹을 통해 계약의 내용을 변경하거나 계약 이행에 따른 결과물이 탈취당하는 일은 발생하지 않게 되었다. 게다가 모든 거래 내역은 블록체인에 기록되고 투명하게 공개되기 때문에 계약 체결 당사자가 아니더라도 누구든지 검증할 수 있게 되어 분쟁을 방지할 수 있게 되었다.

하지만 이렇게 블록체인에서 돌아가는 스마트 컨트랙트에도 두 가지 문제는 아직 해결되지 않았다. 첫 번째는 스마트 컨트랙트 자체의 오류이다. 스마트 컨트랙트와 블록체인 시스템의 결합은 시스템적으로는 문제가 존재하지 않을 정도로 상호보완을 하고 있지만, 스마트 컨트랙트를 작성하는 것이 사람이기에 문제가 발생한다. 스마트 컨트랙트를 이용하는 dApp은 많은 테스트와 시뮬레이션을 거친다고 해도, 많은 사람이 다양한 방식으로 사용하기 때문에 개발 당시의 기획과는 다르게 예상되지 않은 형태로 작동할 수도 있다.

스마트 컨트랙트의 취약점을 악용하여 해킹을 성공한 가장 유명한 예는 2016년 7월에 일어난 이더리움의 창시자인 비탈릭 부테린과 이더리움 개발진들이 만든 'The DAO Decentralized Autonomous Organization'에 대한 공격이다. The DAO는 자율적 합의로 운영되는 탈중앙화된 자율 조직으로, ETH를 예치하면 DAO 토큰을 발행하는 방식으로 운영자금을 모금했다. 원래대로라면 DAO 토큰 구매자가 토큰을 반환할 때 DAO 토큰이 삭제되고 ETH가 인출되어야 했다. 그런데 스마트 컨트랙트를 공격하여 반환되는 DAO 토큰이 삭제되지 않고 예치된 ETH가 반복 인출되어, 약 360만 개의 ETH가 해커의 지갑으로 인출되는 일이 발생했다.

스마트 컨트랙트의 위험은 단순히 해킹에 노출되는 것만을 의미하지 않는다. 플래시론 어택과 같이 개발 의도와는 다른 사용 사례를 100% 검증할 수 없기에 개발된 스마트 컨트랙트가 모든 경우에 대해 완전무결한지 판단하기 어렵다는 뜻이기도 하다. 2018년의 연구에 따르면 당시 배포된 스마트 컨트랙트 중 95%인

약 3만 4천여 개가 하나 이상의 취약점을 가졌다고 발표했다. 이런 문제를 해결하기 위해 외부 전문 감사 회사들이 생겨났고, 신규 프로젝트의 개발을 진행할 때 감사가 완료된 코드들을 사용하는 등의 노력을 하고 있다. 물론 이런 감사가 완료된 코드들을 사용한다는 것이 코드의 무결성을 보장하는 것은 아니다. 오히려 코드의 완성도 확보를 위해 최소한의 노력은 하고 있다는 표시로 이해해야 한다.

또 하나의 문제는 스마트 컨트랙트 실행을 위해 외부 데이터가 필요한 경우가 생기는 것이다. 블록체인 외부의 데이터를 블록체인 안으로 가져오는 것을 '오라클'이라고 한다. 블록체인 외부 데이터를 '오프체인off-chain 데이터'라고 하고, 블록체인 안으로 들어온 데이터를 '온체인on-chain 데이터'라고 한다.

블록체인 안의 데이터 즉, 온체인 데이터는 위변조가 거의 불가능하지만, 오프체인 데이터는 신뢰할 수 없는 경우도 많다. 특히 오프체인 데이터가 온체인 데이터로 바뀌기 위해서는 외부와 블록체인 사이에서 데이터를 넣어주는 사람이나 장치가 필요하다. 따라서 중간자의 신뢰성에 문제가 발생하면 언제든지 위변조가 일어날 수 있어, 오라클을 통해 기록된 데이터라면 온체인 데이터라고 하더라도 다 신뢰할 수는 없다.

예를 들어 dApp 중에 인천 공항에서 항공기가 결항 되면 가입한 사람에게 10 ETH을 주는 보험이 있다고 생각해 보자. 특정 항공기의 상태를 알기 위해서는 현실의 데이터를 블록체인에 넣어줄 오라클이 필요하다. 그런데 갑자기 태풍이 불어 특정일에 항공기 대부분이 결항 되는 일이 발생했다고 가정해 보자. 만약 외부 데이터를 제대로 온체인으로 기록하여 처리한다면, 프로그램된 대로 가입한 사람마다 10 ETH씩을 자동으로 지급하게 되어 천문학적인 보상금이 지급될 것이다. 그런데 만약 보험을 제공하기로 한 dApp의 운영자가 오라클 운영자를 매수하여 모든 비행기가 정상 운항한 것으로 기록하게 한다면, 가입한 사람들은 아무런 보상을 받지 못하게 된다.

결국 정확한 데이터를 가져오기 위해 신뢰할 수 있는 출처의 데이터를 사용하게 되는데, 이것으로 완벽한 탈중앙화를 이루지 못하게 되고 정보 제공자의 신뢰도에 의존하게 되는 문제가 발생한다. 이러한 문제를 해결하기 위해 근래에는 다수의 프로토콜이 데이터를 놓고 투표하여 올바른 값을 선택하거나, 여러 곳에서 데이터를 추출하여 그중 중앙값을 사용하거나, 신뢰할 수 있는 회사와 계약을 맺고 그 데이터를 가져오는 등 오라클 위험을 회피하기 위한 여러 시도를 하고 있다.

**[Crypttempo 유튜브] 스마트 컨트랙트**
스마트 컨트랙트가 무엇이며 어떤 한계점이 있는지, 또 블록체인 네트워크와 접목되어 극복된 한계점과 남은 문제는 무엇인지 설명합니다.

**[Crypttempo 유튜브] 스마트 컨트랙트의 위험**
사람이 작성한 코드로 이루어진 스마트 컨트랙트에는 어떤 리스크가 있는지 알아보고, 이것을 해결하기 위한 노력은 어떠한 것들이 있는지 설명합니다.

**[Crypttempo 유튜브] 오라클 위험**
블록체인 외부의 데이터를 블록체인 내부로 가져오고 이 데이터를 블록체인상의 다른 dApp이 사용할 수 있도록 해주는 것을 오라클이라고 하는데, 오라클에는 어떤 위험이 있는지 설명합니다.

# 가스

가스GAS는 블록체인 네트워크를 사용하기 위해 지불 해야 하는 사용료다. 가스를 도입하게 된 이유와 개념에 대한 설명, 실질적인 가스비의 계산 방법은 처음에 이해하기 다소 어려울 수 있지만, 당장은 전부 이해하지 못하더라도 크게 문제가 되지 않는다. 실전에서 블록체인 네트워크를 사용하기 위해서는 중요한 개념이지만 지금은 포기하지 말고 가벼운 마음으로 한 번 읽어보며 가스비가 있다는 정도로 기억하고 넘어가도 된다.

이더리움 네트워크가 실생활에 이용되기 위해서는 스마트 컨트랙트의 무한루프와 네트워크 자원 분배의 두 가지 문제를 해결해야 했다. 이더리움 블록체인이 스마트 컨트랙트를 채택하면서 일반적인 컴퓨터에서 실행되는 것과 같이 반복문을 사용할 수 있게 되어, 무한루프가 가능해졌다. 일반 컴퓨터의 경우 무한루프가 실행되면 프로그램이 다운되거나 컴퓨터가 멈추게 되고, 컴퓨터를 재부팅 하게 되면 다시 사용할 수 있는 상태가 된다. 그 후 문제가 생긴 코드를 찾아 수정하여 무한루프를 제거할 수 있다.

그러나 블록체인은 멈추지 않고 돌아가는 컴퓨터이고 한 번 기록된 데이터를 수정하거나 삭제할 수 없다. 따라서 무한루프가 발생하게 되면 전체 노드가 이탈하여야만 네트워크를 멈출 수 있어, 결론적으로 블록체인 네트워크가 파괴된다고 볼 수 있다. 따라서 컴퓨터에서와 마찬가지로 강제 종료와 같은 역할을 할 장치가 필요하다.

두 번째는 네트워크의 자원 분배 문제이다. 블록체인 네트워크도 많은 컴퓨터의 집합체이기 때문에 하나의 컴퓨터보다는 많은 양의 일을 처리할 수 있으나, 데이터의 처리 및 기록이 블록의 형태로 일어나고 블록의 최대 사이즈가 정해져 있기에 한 번에 처리할 수 있는 데이터의 양은 한정적이다. 이더리움 블록체인의 블록 생성 목표 시간은 대략 12초이기 때문에 내가 요청한 거래가 생성될 블록에 포함되지 못하게 되면 추가로 12초라는 시간을 기다리게 된다. 그런데 만약 거래가 요청한 순서대로 처리된다면 요청이 많아질수록 무한한 시간을 기다려야 하는 문제가 발생한다. 또한 이런 점을 악용하여 디도스 공격 같이 의미 없는 실행을 무수히 반복하여 네트워크를 마비시키는 경우도 발생하게 된다.

이더리움에서는 이런 두 가지 문제를 해결하기 위해 비트코인의 트랜잭션 수수료의 개념을 차용하여 가스비의 개념을 도입하게 되었다. 가스비는 이더리움의 자원을 사용하는데 소요되는 수수료의 개념으로 자원을 소모할 수 있는 양과 우선순위를 결정해 준다.

농촌에 여러 명의 땅 주인이 있고 농사를 위해 땅을 갈아야 한다고 생각해 보자. 이 마을에는 소가 딱 한 마리가 있고 주인에게 요청하여 땅을 갈아야 하는데, 이 소는 하루에 500제곱미터를 갈아낼 수 있고 제곱미터 단위로 일감을 받는다. 소 주인은 땅의 면적을 허위로 적어 내어 소가 추가로 일해야 하는 것을 방지하기 위해 단서를 붙였다. 갈아야 할 땅의 면적을 실측하여 적어 낸 땅의 면적보다 클 경우 땅은 갈지 않으며, 벌금으로 납부한 비용은 몰수하겠다는 것이다.

또한 가진 땅보다 훨씬 많은 면적을 써서 무조건 남게 하는 것을 방지하기 위해서 적어 낸 비용을 선금으로 내야 하며, 다만 경작이 끝났을 때 결산하여 남는 비용에 대해서는 돌려주겠다고 하였다. 이렇게 되면 땅 주인들은 자신의 땅의 면적을 정확하게 파악하려 노력할 것이고, 경작의 시급 정도에 따라 제곱미터당 경작

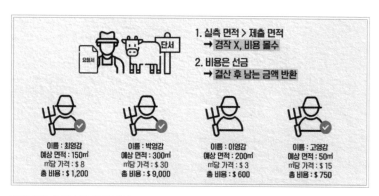

**[그림 부록 4] 가스비 사용 예시**

비용을 적게 될 것이다. 땅 주인들이 매일 아침 경작할 땅의 넓이와 제곱미터당 경작 비용을 적어 내면, 소 주인은 이를 확인하고 하루 가용 500제곱미터를 가장 이윤이 많이 남는 쪽으로 배분하게 된다.

이 농촌의 시스템이 이더리움 네트워크라고 생각해 보자. 땅 주인이 거래하는 사람이고, 소는 이더리움의 컴퓨팅 능력이다. 소가 할 수 있는 가장 작은 일의 단위인 1제곱미터가 가스 유닛Gas Unit이 되고, 땅 주인이 적어 낸 소가 갈아야 할 땅의 최대 면적이 가스 한도Gas Limit, 제곱미터당 경작 비용은 가스비Gas Price가 된다. 총경작 비용은 면적과 제곱미터당 비용의 곱이 될 것이고, 이것이 최대 가스비 한도Maximum Gas Limit가 된다.

소의 주인이 적어 낸 땅의 면적과 비용을 확인하고 경작할 땅을 선택하는 것처럼 이더리움 블록체인 네트워크의 채굴자가 트랜잭

거래자

컴퓨팅 능력

예상 면적 : 150㎡
= 가스 한도(Gas Limit)
㎡당 가격 : $ 8
= 가스비(Gas Price)
총 비용 : $ 1,200
= 예상 면적 x 평당 가격 = 최대 가스비 한도(Maximum Gas Limit)

하루 최대 500㎡
최소 면적 : 1㎡
= 가스 유닛(Gas Unit)

[그림 부록 5] **가스에 대한 기본용어**

션의 가스 한도와 유닛당 가스비를 확인하고, 가장 높은 가스비의 트랜잭션을 골라서 블록에 담아 저장한다. 경작할 면적보다 작은 면적을 적어 내면 경작이 진행되지 않는 것처럼, 가스 한도를 사용하는 가스보다 작게 적으면 한도에 도달하는 순간 트랜잭션 실행은 실패하게 된다. 이때 모든 데이터는 트랜잭션 실행 전으로 환원되며, 지불한 총가스비는 반환되지 않는다.

반대로 가스 한도를 사용하는 가스보다 많이 적은 경우, 거래가 성공하게 되고 남은 가스비는 반환받는다. 대신 비용을 선금으로 내는 것처럼 트랜잭션을 요청할 때 작성한 총가스비 이상의 자산을 보유하지 않게 되면 트랜잭션을 시작할 수 없게 되기에 사용자는 무작정 가스 한도를 높여 쓸 수 없게 된다.

디파이 사용설명서

또, 사용자가 무한루프를 도는 스마트 컨트랙트를 사용하게 되더라도 적어 낸 가스 한도까지만 실행이 되고 강제로 종료될 뿐만 아니라, 이번 트랜잭션을 통해 소모되어 버린 가스비를 제외한 여러 잔액 등의 상태값이 스마트 컨트랙트 실행 전으로 돌아가게 된다. 이로써 시스템을 공격하거나 해킹하기 위해서는 비용이 엄청나게 들어, 그런 시도를 사전에 방지할 수 있게 된다.

가스비에 대한 개념을 이해했다면 실제로 가스비를 계산해 보자. 이더리움 네트워크에서 가스비는 기축통화인 ETH로 지불하고, 가스 한도와 가스비의 단위는 Gwei이며, 1 ETH는 10억 Gwei가 된다. A가 B에게 10 ETH을 송금한다고 했을 때 가스 한도를 25,000 Gwei, 가스비를 40 Gwei로 설정했다면 최대 가스 한도는 다음과 같다.

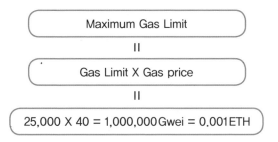

참고로 현재 가스비는 EIP-1559를 적용한 것으로 가스비를 기본 수수료Base fee와 우선 수수료Priority fee로 나누어 지불하게 되었

다. 기본 수수료는 스마트 컨트랙트를 실행하기 위한 수수료로 사용 후 소각되어 유통되는 ETH 총량 증가의 속도를 줄이며, 우선 수수료는 채굴자에게 발행되는 ETH 외의 보상으로 사용된다. 일반적으로 가스 한도는 dApp에서 추정하는 거래에 필요한 한도의 2배 정도로 자동 설정되며, 수정할 수 있으나 남는 가스비는 환불되기 때문에 보통은 그대로 적용한다. 여기서 기본 수수료는 이더리움 네트워크 사용량에 따라 자동으로 정해지며, 사용자는 우선 수수료를 조절하여 최종 가스비를 결정한다.

거래 진행 순서는 먼저 A에게 지급할 수수료의 최대 금액인 0.001ETH 이상이 있는지 확인하고 보유하고 있다면 트랜잭션을

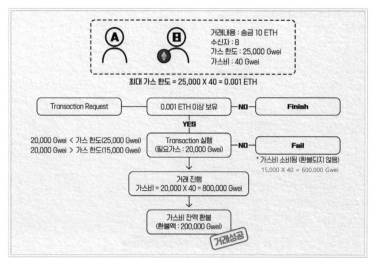

[그림 부록 6] 거래 진행에 따른 가스비 계산

실행하게 된다. 실제 사용하는 가스양이 20,000 Gwei라면 가스 한도를 25,000 Gwei로 적었기 때문에 이 거래는 성공하게 되고 남은 금액인 200,000 Gwei는 A에게 반환된다. 반대로 A가 가스 한도를 15,000 Gwei로 적게 되면, 실제 사용되는 가스인 20,000 Gwei보다 작게 되어 트랜잭션은 실패하게 되고 사용된 총가스비인 600,000 Gwei는 반환되지 않게 된다.

위의 사례에서 실패한 경우, 사용된 수수료는 0.0006ETH으로 1ETH이 1,000달러일 경우 0.6달러로 작게 느껴지지만, 가스비가 40Gwei가 아니라 1,000Gwei이고 1ETH이 5,000달러일 때를 고려한다면 거래 실패로 사용된 총가스비는 0.015ETH, 즉 75달러가 된다.

현재는 거래량도 줄고 EIP-1559 도입 등으로 가스비는 저렴해졌다. 하지만, 디파이가 폭발적으로 성장했던 2019년에서 2021년에는 한 번의 복잡한 트랜잭션을 사용하기 위해 가스비로 200달러에서 300달러 정도가 소모되는 일도 자주 발생했다. 가스비는 네트워크의 복잡도에 따라 금액이 늘 변하기 때문에, 항상 가스비를 꼼꼼히 확인하고 신중하게 거래를 진행해야 한다.

[Crypttempo 유튜브] **가스**

이더리움 블록체인에서 무한루프의 문제와 자원 분배의 문제를 해결하기 위해 도입한 가스비는 무엇이고 어떻게 동작하는지 설명합니다.

---

[Crypttempo 유튜브] **가스 – 이해를 돕기 위한 예시**

이더리움 블록체인 네트워크의 사용 수수료인 가스에 대한 이해를 돕기 위한 예시입니다.

---

[Crypttempo 유튜브] **가스비 계산법**

이더리움 블록체인 네트워크의 사용 수수료인 가스가 실제 트랜잭션 실행 시 어떻게 계산되는지 설명합니다.

디파이 사용설명서

# 이자율 표기 방법
## APR vs. APY

디파이 프로젝트를 보다 보면 이자율이 몇 천%, 심지어는 10,000%가 넘는 경우를 볼 수 있다. 디파이에서 이자율을 표시하는 방법에 대해 알아보고 어떻게 그렇게 높은 이자율이 가능한지 알아보자.

이자율 표기법을 알기 전에 두 가지 개념을 알아야 한다. 첫 번째는 블록 생성에 대한 목표 시간이다. 이것은 블록체인에서의 블록 생성 주기로 블록체인마다 다를 수 있다. 두 번째는 디파이에서의 이자 정산 주기이다. 일반적인 금융기관에서는 월별, 분기 또는 1년에 한 번 이자를 정산하지만, 디파이에서는 대체로 블록별로 이자를 정산한다.

디파이 프로젝트를 보면 이자율을 보통 APR과 APY로 혼용하여 제공한다. APRAnnual Percentage Rate은 연간 이자율로 단리의 개념이다. 이자를 정산할 때 원금에 대해서만 정산한다. 만약 매일 0.1%의 이자를 준다면 APR은 1일 이자에 365를 곱한 36.5%가 된다.

APYAnnual Percentage Yield는 연간 수익률로 복리의 개념이다. 이자를 정산하면 이자를 다시 원금에 포함해 다음 정산에는 원금과 정산받은 이자에 대한 이자를 받게 된다. APR 계산과 동일하게 매일 0.1%의 이자를 준다면 APY는 44%가 되는 것을 알 수 있다. 여

$$APR = \text{단위 이자율} \times \text{연간 정산 횟수} = 0.1\% \times 365 = 36.5\%$$

$$APY = \left\{ \left(1 + \frac{\text{단위 이자율}}{100}\right)^{\text{연간 정산 횟수}} - 1 \right\} \times 100 = \left\{ \left(1 + \frac{0.1}{100}\right)^{365} - 1 \right\} \times 100 = 44\%$$

[그림 부록 7] APR vs. ARY 이자율 계산

**1st** 원리금 = 원금+원금×이자율 = 원금×(1+이자율)

**2nd** 원리금 = 원금×(1+이자율)+원금×(1+이자율)×이자율 = 원금×(1+이자율)$^2$

⋮

**Nth** 원리금 = 원금×(1+이자율)$^N$

➡ 이자 = 원금×(1+이자율)$^N$−원금 = 원금×{(1+이자율)$^N$−1}

$$\text{이자율} = \frac{\text{이자}}{\text{원금}} = \{(1+\text{이자율})^N - 1\}$$

[그림 부록 8] 복리 이자율 계산 공식

기서 APY 계산식이 왜 이렇게 나오는지 궁금하신 분들은 [그림 부록 8]의 복리 이자율 계산 공식을 참고하면 된다.

그렇다면 높은 이자율을 제시하지만 기대보다 못한 수익을 내는 이유는 무엇일까? 이것은 바로 이자율을 APY로 표시했기 때문이다. APR과 APY는 [그림 부록 9]의 식을 사용하여 쉽게 변환할 수 있는데, 이더리움의 블록 생성 횟수를 기준으로 APR을 APY로 변환해 보면 APR이 클수록 APY가 급격하게 커지는 것을 확인할 수 있다.

따라서 많은 디파이 프로젝트에서 이자율을 높게 보이게 하려고 이자율을 APY로 제공한다. 그러나 이것은 매 블록마다 받는 이자를 찾아서 재예치하는 경우에 가능한 것이다. 하지만 실제로 복리 효과를 누릴 만큼 충분한 인출과 재예치를 하지 않는다면 이자율은 APR로 확인하는 것이 더 합리적이다.

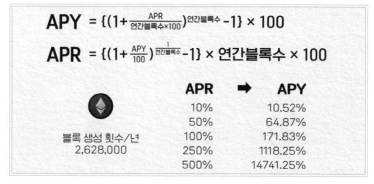

[그림 부록 9] APR vs. ARY 이자율 비교

# 암호화폐 지갑

디파이를 시작하기 전에 가장 먼저 암호화폐 지갑에 대한 이해가 필요하다. 지갑은 돈과 함께 신분증이나 신용카드 등을 넣어서 휴대하는 도구이다. 지갑에는 주로 개인 정보나 자산을 보관하기 때문에 분실했을 경우 보관했던 자산을 잃게 되거나, 개인 정보가 공개되는 등 여러 가지 문제가 생길 수 있다.

　암호화폐 지갑 역시 마찬가지로 암호화폐를 보관하는 도구이다. 그러나 암호화폐 자체가 들어 있다기보다는 기존 금융기관에서의 계좌번호 역할을 하는 공개키와 계좌에 접근할 수 있는 비밀번호인 개인키를 보관하고 이용할 수 있게 관리하는 도구이다. 이 공개키와 개인키는 블록체인에서 일어나는 모든 암호화폐 거래에 사용된다. 이런 방식을 '공개키 암호화 방식'이라고 한다.

이는 개인키와 그에 대응하는 공개키의 쌍으로 암호화를 하고 개인키로 전자 서명한 트랜잭션을 공개키로 검증하는 방식이다. 여기서 공개키 암호화 방식을 정확하게 이해할 필요는 없다. 중요한 것은 공개키를 통해 암호화폐의 잔고 상태를 확인하고 개인키로 암호화폐를 거래에 사용할 수 있다는 것이다. 즉, 암호화폐 지갑은 이런 공개키와 개인키를 저장하고 관리하여 블록체인을 사용하는 dApp에 접속하고 계정에 있는 암호화폐를 거래에 사용할 수 있게 해주는 계정 관리 도구라고 할 수 있다.

암호화폐 지갑을 다양하게 분류할 수 있겠지만 보통은 형태에 따라 하드웨어 형식으로 제공되는 콜드월렛cold wallet과 소프트웨어 형식으로 제공되는 핫월렛hot wallet으로 분류한다. 콜드월렛은 인터넷에 연결되어 있지 않은 USB 장치나 종이 지갑 등으로 구성한다. 거래를 진행하지 않을 경우, 오프라인 상태에 있어 해킹과 같은 피해 위험은 작으나 거래를 위해서 별도의 연결 절차를 거쳐야 하고 장치가 고장나거나 분실될 수도 있다.

핫월렛은 소프트웨어 지갑으로 스마트폰이나 컴퓨터에 설치하여 사용한다. 거의 항상 온라인 되어 있어 간편하게 거래를 진행할 수 있으나 상대적으로 콜드월렛에 비해 해킹에 대한 위험은 좀 더 높다. 핫월렛은 주로 인터넷 브라우저의 확장 프로그램으로 설치하여 사용하는 경우가 많은데 설명 마지막에 다양한 블록체인 네트워크를 지원하여 보편적으로 사용하는 메타마스크 지갑의 설치, 사용법을 설명하는 영상을 제공하니 참고하도록 하자.

암호화폐는 특정한 형태가 있는 것이 아니라 모두에게 공유된 블록체인 네트워크에 데이터로 저장되어있으며, 공개키를 사용하여 특정 계정의 암호화폐 잔고 상태를 확인할 수 있다. 개인키는 그 계좌의 소유권을 증명하는 키로 이체 등 자산을 사용하기 위해 필요하다. 만약 개인키를 잃어버리면 블록체인상에 있는 암호화폐가 사라지는 것이 아니라, 내 암호화폐를 내 것이라고 증명할 수 없어서, 사용할 수 없는 상황이 되는 것이다. 만약 개인키가 타인에게 공개된다면 이를 습득한 사람은 공개키와 개인키를 이용하여 계정에 있는 암호화폐 잔고를 사용할 수 있게 된다. 이를 통해 원하는 거래나 다른 공개키 주소로 송금할 수 있게 되어 내 계정에 있는 자산이 사라질 수 있다. 따라서 개인키에 대한 보안은 아무리 강조해도 지나치지 않다.

한편, 개인키가 타인에게 공개되어 개인의 암호화폐 자산이 탈취당했을 때는 찾을 방법은 없지만, 단순히 개인키를 잃어버린 경우는 계정을 복구하는 방법이 있다. 지갑을 설치하고 계정을 생성할 때 암호화폐 지갑의 종류에 따라 차이는 있겠지만 비밀 백업 구문, 시드 구문 등으로 불리는 12개, 또는 24개의 랜덤한 단어나 구

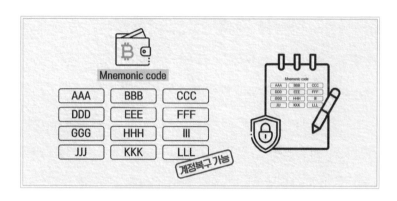

[그림 부록 10] **니모닉 코드와 보관 방안**

문을 생성하여 사용자에게 안전한 장소에 보관하도록 하는데, 이를 '니모닉 코드mnemonic code'라고 한다. 니모닉 코드로 동일 지갑을 재설치하면 계정을 복구할 수 있다. 즉, 개인키를 잃어버려도 니모닉 코드를 정확하게 알고 있다면 다시 개인키를 설정하여 계정에 남아 있는 암호화폐의 잔고를 사용할 수 있다. 반대로 이야기하면 니모닉 코드와 해당 암호화폐 지갑을 알면 동일하게 누구나 지갑을 복구할 수 있다는 말이다. 따라서 개인키와 마찬가지로 니모닉 코드는 절대 타인에게 공개되어서는 안 되고, 핸드폰의 클라우드 연동 메모장이나 이메일 같은 해킹 가능성이 있는 매체에 저장해서도 안 된다. 보통 지갑을 생성하는 경우 니모닉 코드를 오프라인 노트에 보관하기를 권한다. 꼭 노트에 적지 않더라도 다양한 방법으로 본인만 알 수 있도록 보관해야 한다.

[Crypttempo 유튜브] **암호화폐 지갑**

블록체인 네트워크에서 내 자산을 사용하기 위한 암호화폐 지갑은 어떤 역할을 하고, 사용할 때 유의 사항은 무엇인지 설명합니다.

# 디파이 준비 사항

## 1. 메타마스크 설치

디파이 사용을 위해서는 먼저 암호화폐 지갑을 설치하고 계정을 만들어야 한다. 영상을 참조 하여 다양한 블록체인 네트워크를 지원하는 메타마스크 지갑을 설치하고 계정을 준비하자.

---

[Crypttempo 유튜브] **메타마스크 설치 따라하기_PC**
가장 많이 사용하는 암호화폐 지갑 중 하나인 메타마스크 PC 설치를 따라 해보겠습니다.

---

## 2. 메타마스크 사용법 익히기

암호화폐 지갑을 설치했다면 지갑의 기본적인 구성과 사용법을 익혀보자.

## 3. 메타마스크로 암호화폐 옮기기

암호화폐 지갑의 기본적인 사용법을 익혔다면 이제 디파이에서 사용할 암호화폐를 중앙화된 거래소에서 구매하여 내 메타마스크 지갑으로 출금해 보자.

## 디파이를 위한 유용한 도구들

디파이를 이용하다 보면 확인하고 챙겨야 할 것들이 많다. 모든 거래를 내가 책임지고 진행해야 하기에 정확하게 관리하지 않으면 수익보다 지출되는 비용이 커지는 일이 발생한다. 또한 분산하여 투자한 디파이 프로토콜을 잊어버려 자산을 찾기 위해 여러 dApp을 돌아다니는 일도 생긴다. 디파이를 사용하는 사람들이 늘어나고 이런 불편함을 해소하기 위해 노력하다 보니 현재는 다양한 도구들이 개발되어 디파이 활용을 도와주고 있다. 디파이를 활용할 때, 알면 도움이 되는 몇 가지 도구를 알아보자

## 브릿지

블록체인에서 브릿지Bridge는 이더리움과 폴리곤 같이 두 개의 네트워크 사이에서 암호화폐 자산을 쉽게 이동할 수 있도록 해준다. 만약 브릿지가 없다면 다른 블록체인으로 자산을 옮기기 위해서는 내가 가진 자산을 다시 중앙화 거래소에 팔고, 사용하려는 블록체인에서 지원하는 자산을 재구매하여 해당 블록체인을 지원하는 암호화폐 지갑으로 옮겨야 할 것이다. 그러나 브릿지를 사용하면 내지갑에서 해당 블록체인을 지원하는 지갑으로 쉽게 자산을 보낼수 있다. 브릿지를 사용하여 자산을 다른 블록체인으로 송신할 때 자산 자체가 전송되는 것은 아니다. 브릿지에서는 '락Lock'과 '민팅 Minting' 두 단계에 걸쳐 자산을 다른 블록체인으로 옮기게 된다. 사용자가 브릿지를 통해 다른 블록체인으로 자산을 이동하는 트랜잭션을 수행하면, 원래 자산이 있던 블록체인에 스마트 계약을 이용하여 해당 자산을 이용할 수 없도록 잠그거나 동결하게 되는데 이것을 '락'이라고 한다. 수신하는 블록체인에서는 해당 자산과 동일한 가치를 갖는 새로운 토큰이 생성되는데 이것을 '민팅'이라고 한다. 자산을 이동하여 사용하다가 원래 블록체인으로 다시 옮기는 경우, 발행된 동일한 가치의 토큰이 소각되고 원래 토큰이 언락 Unlock되어 사용할 수 있게 된다. 이 과정을 통해 자산이 두 블록체인에서 동시에 사용되는 것을 방지할 수 있고, 자산의 가치가 1:1 로 유지될 수 있게 된다.

[그림 부록 11] 다양한 크로스체인 브릿지

디파이 사용설명서

## 블록체인 익스플로러

블록체인 익스플로러Blockchain Explorer는 쉽게 말해 블록체인에 저장되어있는 데이터에 대한 검색 엔진이라고 할 수 있다. 사용자의 거래 내역과 계정이 소유한 암호화폐의 잔고, 스마트 컨트랙트 내용 등을 쉽게 찾을 수 있도록 도와준다. 추가로 최근 거래 내역이나 블록 정보, 네트워크 사용 수수료, 해당 블록체인에서 사용되는 코인들의 시세 정보 등을 제공한다.

블록체인 사용자는 해당 블록체인을 지원하는 익스플로러에 접속하여 특정 지갑 주소, 트랜잭션 ID, 블록 No., 스마트 컨트랙트 주소, 코인 주소 등을 검색창에 입력하여 제공하는 정보들을 얻을 수 있다. 쉽게 원하는 데이터에 접근할 수 있는 사용성을 제공해주기 때문에 본격적으로 디파이를 활용한다면 블록체인 익스플로러의 사용법은 반드시 알아야 한다.

[그림 부록 12] 블록체인 네트워크별 익스플로러

## 디스코드

디스코드Discord는 카카오톡과 유사하게 채팅, 음성, 화상 통화를 지원하는 메신저이다. 모바일 게임인 Fates Forever를 지원하기 위해 출시했지만, 간편한 사용성과 성능으로 온라인 게임을 즐기는 사람들에게 인기를 끌며 대중적으로 자리 잡았다. 기업용 메신저로 유명한 슬랙slack과 비슷한 기능성을 가졌지만, 무료로 제공되어 더 인기를 누리게 되었다. 채널 운영자가 채널 내에 다양한 주제로 대화방을 쉽게 만들어 관리할 수 있는 편의성 때문에 암호화폐 프로젝트들이 커뮤니티 운영 도구로 디스코드를 선택하게 되었다. 또한 프로젝트에서 발행한 토큰이나 NFT를 보유한 유저들만 사용할 수 있는 대화방 등도 만들 수 있는 장점도 있다. 따라서 더 많은 프로젝트가 디스코드 상에서 커뮤니티를 운영하게 되었고, 지금은 프로젝트들의 커뮤니티가 디스코드 상에 상주하며 정보를 교환하는 장으로 이용하고 있다.

**[그림 부록 13] 커뮤니티 도구, 디스코드**

## 대시보드

대시보드Dash Board란 특정 목표를 확인하거나 의사 결정에 필요한 데이터를 한눈에 확인할 수 있도록 만든 사용자 인터페이스다. 디파이 초기에는 프로젝트 대부분이 이더리움 네트워크를 사용했고, 성공적인 큰 프로젝트들이 많지 않아 디파이를 활용하고 수익을 내기 위해 자산을 관리하는 것이 어렵지 않았다.

AMM의 도입과 자체 리워드 토큰을 보상받는 이자 농사가 시작되었고, 이더리움 네트워크의 비싼 가스비와 느린 속도를 개선하기 위해 다양한 네트워크로 디파이 시장이 확대되었다. 그래서 이자 농사를 짓는 농사꾼들이 고려해야 할 요소들이 늘어나며 관리가 어려워졌다. 이런 어려움을 해결하기 위해 개인 지갑 계정 활동을 한눈에 확인할 수 있게 해주는 도구들과 다양한 네트워크, dApp에 대한 순위와 현황 정보 등이 개발되었다.

[그림 부록 14] 디파이에 대한 다양한 대시보드

## 그 밖에 알아두면 유용한 도구들

**Blocknative Gas Estimator**

Gas Estimator는 Blocknative사에서 만든 이더리움 블록체인 네트워크와 폴리곤 블록체인 네트워크의 가스비를 추정하여 알려주는 사이트(https://www.blocknative.com/gas-estimator)이다. 직관적으로 가스비를 알 수 있게 보여주며, 블록이 생성되는 시간과 필요한 Base Fee 정보도 알려준다. 별도의 로그인 없이도 정보를 알 수 있기 때문에 이더리움 네트워크나 폴리곤 네트워크를 사용하여 거래하기 전에 가스비 확인을 위해 참고하면 좋다.

**blocknative** ◆

[그림 부록 15] 가스비 정보를 제공하는 blocknative

**fees.wtf**

디파이를 활용해 거래할 때, 가스비에 유의하라는 이야기를 계속해왔다. 특히 이더리움 네트워크를 사용하는 경우는 현재 가스비가 비싸서 생각 없이 거래를 반복하다 보면 열심히 운영해서 벌어들인 수익이 대부분 가스비로 나가게 될 수 있다. 거래에 따라 발생한 가스비는 이더스캔을 통해 해당 트랜잭션의 해시값을 찾아가서 확인할 수 있다.

그런데 만약 내 지갑 주소로 이루어진 거래에서의 총가스비를 알고 싶다면 fees.wtf(https://fees.wtf)를 사용하면 간단하다. fees.wtf 사이트에 접속하여 내 지갑을 연결하면 바로 알 수 있다. 여기서는 현재까지 쓴 가스비용을 달러로 환산해서 보여준다. 내가 발행한 트랜잭션 수량과 평균 가스비, 그리고 실패한 트랜잭션에 대한 수량과 비용을 보여준다. 가스비 지출에 대한 경각심을 잃었다면 한번 확인해 보길 권한다.

[그림 부록 16] 내가 사용한 가스비 총액을 쉽게 알 수 있는 fees.wtf

암호화폐가 바꿀 새로운 부의 탄생

# 디파이 사용설명서

초판 1쇄 인쇄 | 2023년 8월 14일
초판 1쇄 발행 | 2023년 8월 24일

지은이      | 박미쁨 · 임성현 · 김태훈
펴낸곳      | 시크릿하우스
펴낸이      | 전준석
주소        | 서울특별시 마포구 독막로3길 51, 402호
대표전화    | 02-6339-0117
팩스        | 02-304-9122
이메일      | secret@jstone.biz
블로그      | blog.naver.com/jstone2018
페이스북    | @secrethouse2018
인스타그램  | @secrethouse_book
출판등록    | 2018년 10월 1일 제2019-000001호

ⓒ 박미쁨 · 임성현 · 김태훈, 2023

ISBN 979-11-92312-54-5   03320